完全版

仏教「超」入門

白取 春彦

ディスカヴァー

携書

203

はじめに

日本は仏教国だそうです。

確かに、多くの家庭には仏壇があり、先祖の墓は仏教寺院や自治体が管理する霊園にあり、春と秋のお彼岸《ひがん》には墓参りをし、お盆には休暇をとって実家に帰り、死ねば仏教僧侶に経《きょう》をあげてもらいます。

生前に善行が多ければみんなが待っている極楽へ行けると思い、悪いことをしていればいったんは地獄に落ちてから輪廻《りんね》によって生まれ変わると考え、この人生にあるときは仏《ほとけ》がいつも見守ってくれていると信じ、自分は仏教の修行《しゅぎょう》などしてはいないが、死ねば戒《かい》名《みょう》がついて涅槃《ねはん》の境地に安らぐことができると思い込んでいるようです。

しかし、こういった考えは「仏教のあやふやなイメージ」から生まれてきたものであり、「本来の仏教」とは根本から異なるものです。

たとえば、仏教は輪廻や生まれ変わりなどを否定するから仏教なのです。輪廻や生まれ変わりを信じるのは古代バラモン教から生まれたヒンズー教です。

位牌《いはい》に誰々の霊などと書かれているので、仏教では霊の存在を認めるのだと多くの人は考えているようですが、本来の仏教では霊魂の存在を否定しています。ブッダは死ねば極楽、もしくは地獄に必ず行くとも教えていません。

どうやら、多くの日本人が仏教に抱いているイメージは、ヒンズー教とキリスト教についての貧弱な知識から合成されたもののようです。たとえば、「仏さまが見守っていてくださる」という考え方は、かなりキリスト教的なものです。

キリスト教神学では神は人間をずっと見守り助けてくれるとされますが、仏教の仏とは真理を悟った人間のことをたんに指すだけで、仏は神のような超越的な全能の存在ではないのです。

ここまで読むと、多くの人は「じゃあ、私が今までイメージしていたものは仏教じゃなかったのか」と少し不安に思うかもしれません。

たぶん、これまで安易にイメージされてきた仏教と本来の仏教はかなり異なるものでしょう。なぜ、そのようなことになってしまったのか。

その原因の一つは、僧侶たちが積極的に仏教の真髄《しんずい》を教えてこなかったこと。もう一つは、何となく自分は仏教徒だろうと考える人たちが、仏教はどういうものなのか、みずから勉強してこなかったからでしょう。

それから、「仏教とは何か」が正しく知らされていないもう一つの理由。それは、新興疑似宗教や自称霊能者たちが、でたらめな教説を盛んに流布《るふ》してきたことです。ですから、自称仏教徒の多くが、実際に地縛霊《じばくれい》などというものが存在していると信じるような、今の混乱した状況になってきたというわけです。


本書では、そういった迷信や奇妙な説を排するためにも、純粋な形で「仏教とは何か」を取り上げます。「仏教とは何か」といったところで、とりたてて難しいものではありません。

たいそうな肩書のついた僧侶の書いた本などを読むと、悟りの困難さが印象づけられることが多いものですが、それほど悟ることが困難だというのならば、仏教は大衆のものではないはずでしょう。

実際、悟りとはブッダの説いた仏教的真理を理解し、身につけることです。修行《しゅぎょう》せずとも理解することは多くの人に可能です。

本書はその一助となるでしょう。その後に、仏教徒を自称するかどうかは、それぞれの自由意思によるものです。

ですから、「仏教って何だろう？」という単純な好奇心だけで、本書を読んでいただいてけっこうです。そして、さらに深さを求めるなら、『正法眼蔵《しょうぼうげんぞう》』など、本物の仏教書を手にすればいいのです。

なお、インドで生まれた仏教が政治の拡大とともに中国に伝わり、さらに現在の韓国を経由して日本に伝わりました。中国でも日本でも文化に応じて独自の発展をとげましたが、基本的には同じなので、本書では特に必要がなければ区別して記述していません。

ちなみに、仏教経典はインドに近かったチベットが今なお最も豊富です。

現在のインドで仏教徒はごく少数です。これはヒンズー教が多くの宗教を吸収したためです。

これを書くにあたって多くの方の助けを得ました。また、参考に用いた文献の著者、出版社にこの場を借りて感謝申し上げます。

２０１８年７月

著者

完全版　仏教「超」入門

目次

第一章　仏教の出発点は「人生とは苦しみ」

第二章　仏教のキーワードは「縁起」と「空」

第三章　煩悩から自由になる

第四章　仏教の説く愛と慈悲

第五章　本来の仏教から変質した日本の仏教

第六章　仏教に「輪廻」はない

第一章

仏教の出発点は「人生とは苦しみ」

仏＝ブッダとは「悟った人」を意味する

仏教のことを知らない仏師

仏《ほとけ》と聞くと、条件反射のように仏像が思い浮かぶ。結跏趺坐《けっかふざ》を組み、半眼で不動のままの古くて黒っぽくなった仏像。

しかし、仏とは仏像のことではない。悟った者のことだ。それだけが仏である。仏像は仏となった姿をかたどった像だ。もしくは、象徴の像である。

わたしは子どもの頃、仏壇の奥の暗がりに鎮座している漆黒《しっこく》の像を見て、これは祖先の誰なんだろうといぶかった。二十数年経ってから、大日如来《だいにちにょらい》の像だと分かった。

三十代のとき、仏像を彫る人に何度か会ったことがある。いわゆる仏師《ぶっし》である。場所はわたしが時折足を向ける新宿のバーだった。その痩《や》せて小柄な仏師の年齢はとうに七十代後半だったと思うが、精力に溢《あふ》れていて、酒好きで女好きだった。

飲みながら、わたしのほうから仏教の話を少しずつもちかけた。すると、返答がかんばしくない。驚いたことに、その仏師は仏教についてほとんど何も知らないのだった。知らないのを装《よそお》っているのではなかった。しかも、彼は有名な仏師だった。そのとき手がけていた仏像の制作過程や仏像ができ上がったときの様子が新聞やテレビでも報道された。

彼が酒好きだとかいうことはどうでもいい。ただ、わたしが驚いたのは、自分の仕事としてかかわっている事柄に、浅い知識しかもたない人間がいるということだった。あるいは、仏師とてもただの工芸家だということか。なら、それはそれでかまわない。この世にはさまざまな人間がいるし、それぞれに仕事へのかかわり方が違う。わたしにも、それくらいは分かる。

「ブッダ」とは「悟った人」という意味

「悟る」とはサンスクリット語で「ブッドゥッ」といい、仏陀の「ブッダ」とは、この「ブッドゥッ」の過去分詞になるから、「悟った人」というわけだ。

仏は「覚者《かくしゃ》」ともいう。「真理に目覚めた人」という意味だ。

このときの「真理」とは、仏教の真理、「縁起《えんぎ》の理《ことわり》」を指す。西洋哲学でいう普遍《ふへん》的真理とは異なるし、科学でいう数学的真理とも異なる。

じゃあ、真理とは何かとからまれると、ちょっと困る。また、今は哲学の講釈をする場ではない。とにかく「縁起」という理で、いっさいの事柄が一応説明できるから、これを「真理」と仏教では呼んでいるのである、としておく。

仏教では、ブッダ、すなわち仏はゴータマ・シッダールタただ一人とされている。

ところが、インドではそうではない。「ブッダ」は普通名詞である。悟った者が他にもいるのである。もちろん、インドのヒンズー教やジャイナ教においてではあるが。

くどいようだが、一般に日本語で「ブッダ」とか「仏陀」と表記される場合には、仏教を始めた人ゴータマ・シッダールタのことを指す。

日本では「お釈迦《しゃか》さま」と呼ばれることがもっとも多いだろう。

釈迦とはゴータマ・シッダールタの属していたネパールの釈迦族《シャーキャ》を指す。お釈迦さまとは、釈迦族の聖者という遠回しな言い方になるわけだ。

釈尊《しゃくそん》という尊称もある。釈迦牟尼《しゃかむに》とも言う。「牟尼」とは聖者という意味。これも尊称だ。だから、仏とは超人とか神的存在のことではない。

なぜこんな当たり前のことを言わねばならないかというと、ブッダは超能力や神通力《じんつうりき》をもっていたと考える人がいるからだ。

ブッダは母親の脇の下から生まれてすぐに七歩ほど周回し、「天上天下唯我独尊《てんじょうてんげゆいがどくそん》」と唱《とな》えたなどと、いかにも本当らしく書いた本がある。それを読んで事実だと信じる人が少なくない。しかし、こういった表現は暗喩というものである。

ブッダほど後代に幼稚な伝説が多くつくられた人は、いないかもしれない。

しかし、彼の教えの徹底した実際性や、高齢になって最後は食中毒で死んだことなども考えれば、ブッダはわたしたちと同じ人間であったと分かる。

それにまた、ブッダをあまりにも神格化して考えるのは、ブッダが何度も強調して排することに努めた「極端なこと」に抵触《ていしょく》することになるだろう。

仏と神を混同する日本人

禅宗《ぜんしゅう》の至道無難《しどうぶなん》の『仮名法語《かなほうご》』にはこうある。

仏と云ひ、神と云ひ、天道《てんどう》と云ひ菩薩《ぼさつ》と云ひ、如来《にょらい》と云ふ。色々難有《ありがたき》名は、人の心をかへて云ふなり。

〈訳〉仏とか神といい、あるいはまた天道とか菩薩、如来などという、こういうさまざまなありがたい名前は、実は人の心のことを変えて述べているだけにすぎないのだ、と言う。

つまり、人が仏になるのだということを、やさしく説いている文言《もんごん》である。

それなのに、依然として仏と神を混同している人が少なくない。「神サマ仏サマ」とか「神仏《しんぶつ》」という安易な言い方にそれが現れている。

しかし、仏教についての理解がそういうものだったということもある。

あとでもう一度あらためて触れることになるが、奈良時代に始まった神仏習合《しゅうごう》から、神道《しんとう》のカミと仏との混淆《こんこう》が始まったということが原因である。

遠藤周作氏が書いていたと記憶するが、江戸時代にキリスト教徒になった日本人の中には、神の名が大日如来だと思っていた人が少なからずいたという。

ラテン語で神を意味する「デウス」の発音を「ダイニチ」と聞いていたからしい。

こんな小さなエピソードからでも、当時の人々は外国人神父の発音を日本語のように聞きとっていたのだと分かる。

「仏さまが見ているから、悪いことはするもんじゃないよ」と子どもを諭《さと》したりする人がいるが、こう言う人にとって、仏は神のように思われているのだろう。

人は誰しも見守られていると感じることで、安心するものだ。親に、家族に、至高の存在に。そういう意味で、日本人には超越的存在を認めて信頼したいという心理的傾向があるといえるだろう。

ただ、仏の原義からすれば、残念ながら仏は至高の存在ではありえない。

それでもなお、日本人は神よりも仏に親近感を覚えている。

たとえば、真理を悟った人物は慈悲《じひ》深いはずだというところから、寛大で優しい人を「仏のような人」と形容したりする。

仏像を仏と言ってもおかしいとは指摘されない。仏像は工芸品にすぎないが、「仏に魂《たましい》を入れる」という言い方があるように、日本仏教では仏像をあたかも仏の化身《けしん》であるかのように扱うのがふつうだ。

西洋的な観点からすれば、そういう態度は一般に「偶像崇拝《ぐうぞうすうはい》」といって間違った信仰の態度だとされる。

しかし、日本の仏教では人間が長い間拝《おが》んできたものは、たんなる像を超えた存在になる、と考える傾向がある。

ともかく、「仏」は基本的に「悟りを得た人」を意味する言葉にすぎない。であるならば、悟りを得た人は当然ながら仏と呼ばれてしかるべきだろう。

基本教理の不統一が仏教をわかりにくくしている

禅僧の抜隊得勝《ばっすいとくしょう》は『抜隊仮名法語《ばっすいかなほうご》』でこう説いている。

自心《じしん》、本《もと》より仏なり。是《こ》れを悟るを成仏《じょうぶつ》と云ひ、是れに迷ふを衆生《しゅじょう》と云ふ。

〈訳〉自分自身の心がすでに仏である。

　そのことが分かれば、それが成仏である。しかし、いつまでも自分に迷っているのでは仏ではない。


　しかし、仏となるのは困難だと考える人もいるのだ。仏教学者の渡辺照宏氏は『仏教』の中でこんなことを書いている。

「（仏は）完全な人格者のことである。……大海に住む盲亀《もうき》が特定の浮木《ふぼく》に邂逅《かいこう》する確率に比するほど、われわれが仏陀にまみえる好機はめったに与えられない。われわれの住む世界に生まれて仏陀となった人間は釈迦牟尼ただひとりあるのみである。〝仏陀となる〟すなわち〝成仏する〟ことは仏教の理想ではあるが、それを実現することはきわめて困難である」

　学者である渡辺氏の仏についての考えと、先ほど引用した禅の僧侶との考えの間の幅は、あまりにも大きいのではないか。

　実は、仏教について知ろうとすればするほど、いろんな面においてこの振幅《しんぷく》の大きさを知って、とまどってしまうものだ。

今のように、かたや悟りはすぐそこだと言い、かたや悟りははるか彼方《かなた》であると言い、かたや輪廻《りんね》があると言い、かたや生まれ変わりなどありえないと言う。

これがキリスト教ならば、カトリックの教えが中心座標となるのだが、仏教においては中心がない。そして、各宗派がてんでにばらばらである。

そういう状況を仏教の懐《ふところ》が深いと見るのか、それとも宗教として混乱していると見るのかさえ、簡単には判断しがたい。

しかし、そういった基本教理の不統一が、仏教というものをはなはだ理解しにくくしていることは事実であろう。

ブッダの死後、経典がまとめられた

ブッダの生涯

ここで、ブッダについて簡単に見ておくことにしよう。

仏教の始祖《しそ》とされるブッダがいつ歴史上に現れたか、つまり将来ブッダとなったゴータマ・シッダールタがいつ生まれ、いつ死んだのか、実は確定されていない。

まさかと思われるだろうが、本当である。

ブッダはだいたい紀元前五〜六世紀の人とされている。これは説によって大きく異なり、紀元前四世紀から十世紀まで六百年という時間の幅がある。

重要人物であったにもかかわらず、正確に記録されていないというのはめずらしい。というのも、当時のインド人に「いつ」の概念がなかったからなのだ。だから、時間的記録が欠落している。

生まれた場所は、現在のネパールの南端のルンビニー。ブッダはそこにあった小さな属国の王子で、ゴータマ・シッダールタという名前だった。

恵まれた生活をしていたゴータマは、結婚して男児をもうけた。二十九歳のときに家族を捨てて城から出た。そして、修行者の群れに入る。

「あのとき、私は善を求めて出家《しゅっけ》したのだ」

と、彼はあとで弟子たちに語っている。

ゴータマ・シッダールタは師を求めて南下し、やがてガンジス河を越えた。師を替え、断食《だんじき》などの激しい苦行を続けたが、ついには何も得られなかった。

師と仲間から離れた彼はナイランジャナー河のほとりでゆったりと瞑想《めいそう》する。そのときに悟りを得た。このとき、数え年で三十五歳であった。

それから彼の悟った「縁起の法」をベナレスの郊外で初めて説き、そこから北インドを中心にした四十五年間の長きにわたる伝道生活が始まる。

最後は、故郷に近いクシナガラで息を引き取った。享年八十だったという。その勘定が正しければ、当時としては、かなり長命であった。

古い経典は証言集のようなもの

死期が近づいたとき、ブッダはこう言ったという。

お前たちは修行完成者《ブッダ》の遺骨の供養《くよう》（崇拝《すうはい》）にかかずらうな。どうか、お前たちは、正しい目的のために努力せよ。

しかし、弟子たちはその言葉に反して遺骨を分配した。遺骨の供養と崇拝を始めた。ブッダの死とともに、葬式仏教が始まったといっていいだろう。

ともかく、ブッダの遺志ははたされなかった。しかし、もう一つの遺志は弟子たちによって守られようとした。それはブッダの最後の言葉である。

お前たちのためにわたしが説いた教えと、わたしの制した戒律とが、わたしの死後にお前たちの師となるのである。

ところが当時、インドでは大事なことはすべて口で伝えるという慣習があったことから、ブッダが生前にどんなことを述べたか、文字で記録している者はいなかった。

そこで、弟子たちが集まってブッダはこれこれの事柄を述べたということをまとめる会議を始める必要が出てきた。

この会議の結果が、いわゆる経典《きょうてん》となったわけである。

だから、経典の最初には必ず「如是我聞《にょぜがもん》」（サンスクリット語で、エーバム・マヤー・シュルタム）と書いてある。

これは、「わたしはこのように（ブッダが言ったのを）聞いた」という意味で、古い経典は証言集のようなものだ。

「証言集」そのものではなく「証言集のようなもの」であるのは、ブッダが説いた事柄を当時の慣習にしたがって短く詩句のようにまとめたものだからである。

つまり、経典のすべてがブッダの生《なま》の声とは限らないということだ。

まず、「これこれのことを聞いた」という段階で、記憶違いや思いこみが生じているだろう。次に、それを短い詩句にまとめたという段階で、編集されている。

そして、漢語でいうところの『経蔵《きょうぞう》』が経典であり、『律蔵《りつぞう》』が戒律をまとめたものになる。

しかし、それらはまだ原型というべきものだ。百年後にまた会議があり、教義と戒律の解釈をめぐって議論と争いが起こり、教団は分裂していく。

やがて、これら『経蔵』と『律蔵』に、さらに『論蔵《ろんぞう》』が加わる。これはブッダの教義に関する論書の集成である。

この三つがいわゆる「三蔵《さんぞう》」と呼ばれるものである。物語『西遊記《さいゆうき》』に出てくるので有名な三蔵法師の三蔵である。

増え続ける仏教経典

それから数百年経って紀元前後になると、大衆向けの大乗仏教《だいじようぶつきよう》というムーブメントが起き、また新しく経典が書かれることになる。今日でも有名な『法華経《ほけきよう》』『般若経《はんにやきよう》』『阿弥陀経《あみだきよう》』などはこのときにできた経典である。

こうして、仏教経典は増えに増えたわけである。

後代の人の手が加わって解釈の嵩《かさ》が増していくのはユダヤ教に似ている。

ユダヤ教では『聖書』を聖典としているが、その周囲に注釈や解釈などが加わって、現在ではかなり分厚い書物になってしまっている。

キリスト教は逆である。文書の真偽を長い時間をかけて吟味《ぎんみ》し、偽書をそぎ落とし、これこそ真正《しんせい》だと認められるものを『聖書』としている。

もちろん、この場合の「真正」とは科学的な意味ではない。紀元後に時間をかけて成立したキリスト教神学に合致しているかどうかということだ。

仏教に宗派が多いのも、各地の文化的背景の相違のほかに、経典ごとに特徴が異なるというバラエティの豊富さから生まれたと考えられる。

本書では、仏教最古の経典で、歴史的人物としてのブッダの言葉に近いとされている詩句を集成した『スッタニパータ』（経集《きょうしゅう》）からもっとも多く引用した。

これは『ブッダのことば』というタイトルで日本語に翻訳されていて、街の本屋で簡単に入手できる。それを各自が手にとっていただければ、ブッダの息づかいの一端がうかがえるかと思う。

仏教は「人生とは苦しみである」から出発する

ブッダは「人生とは苦しみである」と断言した

歌とは、ふだんは恥ずかしくて言えないようなことを大声で口にすることだ、と言ったのは誰だったろうか。

書物のタイトルといったものも、ふだんは恥ずかしくて口に出せないようなことが少なくないであろう。たとえば、〝人生とは何か〟。

酒場でも、急に真顔で「人生とは何か」と問われたら、酔いが醒《さ》めそうになる。そして、だいたいこう返すのがお決まりだ。

「何か悩んでることでもあるのか。話せよ、今なら何でも聞いてやる。金は貸せないけどな」

この最後のひと言で、相手は落胆した表情をふっと浮かべる。

人生とは何か。口に出して人に問うことはできないが、ある程度生きてくれば誰もがひそかに考えることでもある。

同時に、人生の意味も考える。なぜ、生きるのか。自分はどう生きていけばいいのか。

わたしは十五歳でこの難問にとっつかまった。

そこで、物語ではない本をも読みだした。答えをつかんだというか、自分の疑問に折りあいをつけるまで三十年かかった。人生を問いながら、人生を生きてしまったわけだ。

では、人生とは何かといった哲学的問いはともかく、

「人生は楽なものか、それとも、苦労が多いものか」

と問われたら、あなたは何と答えるだろう。

人生には楽しいこともある、辛《つら》いこともある。苦も楽も混ざりあっている。

仏教ではどう考えているのか。いや、ブッダその人は人生とは何と見たか。

ブッダは、

「人生とは苦しみである」

と断言した。

あるいは、人間存在を苦しみであると見るところから出発した。

それはブッダに特有なことではなかった。おしなべて紀元前のインドの他の思想家や宗教家も同じように人生を苦しみと見て、そこからの脱出を考えたのである。

ブッダ自身、苦しい生活をしていたわけではなかった。逆である。小国の王子で、季節ごとに住居を替えるような裕福な暮らしであった。

けれども、ブッダの眼には人生の苦しみが強く映《うつ》った。

そして二十九歳のときに修行の旅に出た。妻子を捨てて、城を出たのである。

当時のバラモン教的風習により、いっさいを捨てて修行に出る者は少なくなかった。

現代でも、事情はさして変わらない。インドには自発的な修行者たちがたくさんいる。片腕を上げたままの修行を数十年している者もいる。その手先は、血がかよわぬため壊死《えし》しかけている。片足で立ち続けている修行者。無言の修行を続ける者。修行に人生を懸《か》けている。働かない。食べ物や金は、彼らを拝む人からもらう。

インドの異様な混沌《こんとん》を書けばきりがなくなる。人生のことに戻ろう。

人生における八つの苦しみ

仏教では、人生の苦しみを八つ数えている。

これはブッダが最初から秩序正しく説明したわけではなく、弟子たちがあとで教えをまとめ、人生における苦しみを八つとしたのである。

最初の四つの苦しみは、「生・老・病・死」。あとの四つの苦しみは、人生の中で誰もが経験する心の苦しみに関するもので、「愛別離苦《あいべつりく》」「怨憎会苦《おんぞうえく》」「求不得苦《ぐふとっく》」「五蘊盛苦《ごうんじょうく》」となる。

「愛別離苦」とは、愛する人と別れたり、離れなければならないという苦しみのこと。やむをえない離婚などの生き別れや、死別などの苦しみも、これに含まれる。

心を痛めるという意味では、この苦しみが一等強いのではないか。死ならばいつかあきらめきれるが、愛はなかなかあきらめきれない。

演歌もポップスも、多くはこのあきらめきれない心を歌っている。歌手の声はわたしたちの心情を代弁しているのである。

昔の刑務所の収容者たちは、松尾和子の名曲『再会』に涙してやまなかったという。

悲しみを歌い、聞くほうも悲しいのだが、不思議なことに、そのときわたしたちは清浄な美しさをも感じているものだ。

そのカタルシス（浄化作用）は薬のようにまた切れる。だから、また歌を聞く。また涙をこぼす。そして再び、きれいな水で洗われたような美しさを感じるということをくり返す。

人生の苦しみはまだある。「怨憎会苦」だ。これは、恨《うら》んだり憎んだりする人と会わなければならないという苦しみ。

もう二度と会いたくないのに、親戚であったり、仕事上のつきあいから会わなければならない苦しみがこれにあたる。

「求不得苦」とは、求めるものが得られないという苦しみ。

欲望が深いほど、この苦しみを味わうことになる。また、一方を得れば一方を失わなければならないという葛藤《かっとう》に苦しんでいる人も多いだろう。

「五蘊盛苦」とは、健康で心身が活発であるのに、かなえられないものがたくさんあるという苦しみ。これは、八つの苦しみの総括でもある。

これらとさきの「生・老・病・死」の苦しみをまとめて、「四苦八苦《しくはっく》」と呼ぶ。ご存知のように、この「四苦八苦」は日本語の成語になっている。

苦しくとも自殺してはいけない

こんなふうに、仏教ではふつうの人生で起きる事柄のいっさいを苦しみだとする。そんなに苦しいのなら、いっそ生まれてくるな、生まれてきたら自死したらどうだと言うこともできるだろう。実際、そう考えて自殺する人も少なくないのが現実だ。

わたしが子どもの頃から尊敬していた人物が二人いる。一人は三十歳代前半で自殺した。もう一人は五十歳を過ぎてから自殺した。

五十を過ぎてから縊死《いし》した男は、わたしの従兄《いとこ》だった。いつも笑顔を絶やさない温和な性格だった。わたしもあいうふうに笑顔で生きたいとずっと思っていた。彼こそ人格の完成者だと確信していた。

その人が、飼い犬を預けるために親戚を回ってから、首を吊《つ》ったのである。

わたしが生まれて初めて使った野球のグローブも、愛用した紺色の自転車もその人のお下がりだった。わたしの少年時代の記憶は、その人なしにはありえないのである。

その人はわたしの書いた本を、せっせと買っては町の図書館に寄付していたという。なのに、わたしは彼に何もあげていない。葬式にも出ていない。墓参りにも行っていない。夢の中に現れるのを待つことと、こうして書くことしかできない。

自殺とは、自分を殺すことではない。人生を否定し、人生を殺すことだ。その人を愛した人の人生の一部をもだ。

ブッダは自殺してはいけないと言っている。人生は苦しいが、それでもなお自殺してはならないと言うのだ。

生まれた以上、生きなければならない。自分が生きることは人を生かすことだ。それ以上の尊《とうと》い贈り物はないだろう。

人生は苦しい。涙もたくさん出る。けれども、生きなければならない。ブッダも自殺はしなかった。

わたしたちの心に苦しみをもたらす原因は何なのか

苦しみを集めるものは欲望

人生の苦しみを見つめることを集諦《じったい》という。

「集諦《じったい》」とは妙な言葉だ。一般的な国語辞典を引いても、この用語は載《の》っていない。だいいち読めない。中国仏教の漢語そのままだからだ。

だから、仏教について述べるときは振り仮名が必要になるし、いちいち用語の説明をしなければならなくなる。

あとでも述べることになるが、日本の僧侶たちは、仏教の言葉を分かりやすい日本語にする努力をまったく怠《おこた》ってきた。これが仏教が難解に思われる最初の大きな一因でもある。

ブッダが生きていたら、即座に「よいことではない」と言うだろう。

さて、「集諦」の「諦」とは「明らかに観る」ということであって、仏教的真理のことだ。

「集」とは、文字通りに「集まる」こと。

何が集まるか。「苦しみ」である。

集まるというのだから、そこに中心点がなければならない。中心にあって苦しみを集めているのは何か。「欲望」である。

人間の三大欲望は「食欲・睡眠欲・性欲」である、と堂々と書いた本があった。そんなことを書いたり言ったりする人は、「欲望」と「欲求」の違いも知らないのだろう。

「欲求」とは、自己の生存に必要なものだ。食事と睡眠は生存に必要である。しかし、「性欲」は生存に必要ではない。

つまり、「欲求」と「欲望」は同じではない。「欲望」には選択という条件が必ず加わる。

たとえば、砂漠を独《ひと》りでさまよっている男がいたとする。灼熱《しゃくねつ》地獄の中で、喉《のど》が渇《かわ》ききっている。水を飲みたい。一杯の水を飲めるなら家屋敷を売ってもかまわないとさえ思っている。純粋な水でなくてもいい。雨水でも、泥の入った水でも、小便でもいいから飲みたいと欲する。

これが「欲求」である。生存のためには選択の余地もない。

小学生くらいの子どもが泣いて母親にねだっている。喉が渇いたからコーラが飲みたいと言う。母親は水で我慢しなさいと言う。子どもは依然としてコーラでなきゃいやだと、狂おしく泣き叫ぶ。

これが「欲望」が働いている図である。飲み物の中でも、コーラという選択をしているからだ。

このような意味を踏まえた上で、新宿歌舞伎町《かぶき》を欲望の街と形容するのは正しい。特定の酒場で飲むからである。特定のホステスに逢《あ》いに行くからである。そこに選択がある。そして、人間としての生存には必要がない行為だからである。

このような欲望こそが、結局は苦しみを集めるのだ、とブッダは説いた。

欲望を「渇愛」と呼ぶ

仏教では、欲望をふつうに「欲望」とは呼ばない。「渇愛《かつあい》」という。欲望の度数が強くなり、飽くことなき激しい欲望になったのがこの渇愛である。

「渇愛」は三つに分けられる。それぞれ「欲愛《よくあい》・有愛《うあい》・無有愛《むうあい》」とされる。

「欲愛」は、たとえば金や物品を欲望してやまないことである。ブランド品を売るショップが並ぶ銀座や表参道はさしずめ欲愛の街であろう。

次の「有愛」は、生への利己的な執着《しゅうちゃく》である。自分さえ得すればいいと考えることや、人よりもいい暮らしがしたいという欲望がこれである。

人に仕《つか》えるという精神がないのに、安定した生活がしたいために公務員になりたがるのならば、その人は有愛にとりつかれている。

「無有愛」は、右の二つの欲望と正反対のマイナスの欲望である。すなわち、人生に何の意義も見出せなかったり、自暴自棄《じぼうじき》になったり、自殺したがる欲望である。

しかし、本当はこんな用語などどうでもいいのである。用語を峻別《しゅんべつ》して正しく使い分けるのが仏教の本筋ではない。

今見てきたように、激しい欲望を「渇愛」と呼ぶ。こういうふうに、欲望に「愛」という文字を用いるのが仏教の特徴でもある。

この愛は「愛着」の「愛」である。愛着を仏教では「執着」と見る。「執着」は人を苦しめる要素をもっているから、避けるべきものだとされるわけだ。

現代では至高の価値観となっている愛という言葉をこんなふうに使えば、仏教は冷たい思想と見られ、人気がなくなるだろう。やはり、漢語そのままではなく、日本語に訳した仏教用語を苦心してでも作るべきだったろう。

欲望が複雑にからまり、苦しみが生まれる

ところで、注意していただきたいのだが、ブッダは、欲望それ自体が直接に苦しみを生み出すのだとは言っていない。

人間だから、いろんな欲望が出てくるのは当たり前である。ある程度の欲望は欲求の反映でもある。

ただ、大小の欲望が行動・言葉・思い――これを仏教では「身《しん》・口《く》・意《い》」というのだが――とからまり、互いに原因や結果となることによって初めて苦しみというものを形成するのである。ブッダはこのシステムに着目しているわけだ。

このシステムを逆手《さかて》にとって利用しているのが現代の宣伝広告である。

ある新しい商品が今までのものよりいかにすぐれているか、この商品によっていかに多くの人が快適さを享受《きょうじゅ》しているか、多大な金を使い、音楽や人気タレントやイメージを駆《く》

使《し》して消費者に訴える。

　すると、見ている人にその商品がどうしても欲しいという渇望が生まれ、その苦しみに耐えきれず、ついに購入してしまうというわけである。

『消費社会の神話と構造』を書いて日本でも一九八〇年代に有名になった思想家ボードリヤールもこの点に注目して、消費者は苦しみながらも商品を買い続ける地獄におちいっているると指摘している。

　若い人のカード破産と宣伝広告とは強い因果《いんが》関係があるのである。その因果を容易に成立させる手練手管《てれんてくだ》のクレジットカード会社は、さしずめ女衒《ぜげん》同様であろう。

　駅前の居酒屋で、今の若い人には足《た》るを知る心がない、と説教している年配者がいる。足るを知る心がないとは、欲望に満ちているということだ。部下らしい若者は恐縮しつつ、じっと頭を下げて拝聴している。

　小一時間後、若者は千鳥足《ちどりあし》になった年配者を抱えるようにして酒場を出ていく。その年配者こそ足るを知る心がなかったから、飲みすぎたのである。

　自己の欲望が過熱しているのを自覚している人を「マニア」という。だから、マニアは特定の物を収集し続けて飽きることがない。

その様子は、傍《はた》から見れば狂気そのものである。

紀元前五世紀のギリシア人は、そのことをよく知っていた。だから、ギリシア語で「狂気」のことを「マニア」というのである。

古代の人間は、今よりも人間観察力が鋭かったのかもしれない。

苦しみをなくするにはどうすればいいか

損得勘定で生きると人生は苦しいものになる

誰だって楽に生きたい。

「もうちょっとでいいから、楽にならないかなあ」

これは、多くの人の本音《ほんね》であろう。

大幅に環境を変えずに、今のような水準を保ちながら楽に生きたいのなら、まずは損得でものを判断しないのが一番だろう。

幼な子が純粋に見えるのは損得でものを考えたりしないからだ。

ところが、大人は損得勘定をする。

たとえば、あなたともうじき結婚する人が、実は損得であなたを選んでいたと分かったとしたら、あなたはどんな気持ちになるだろう。

「きみは何だ。本当に人間なのか」

と言いたくならないだろうか。

いつの世でも人間は結局、真実の心を互いに与えあわなければ、本当に信頼しあえるつきあいはできないものである。

現実の人間よりも小説に描かれた人間のほうが、あるいはドラマや映画の中の人間のほうが、より人間性豊かに見えるのは、真実の気持ちを吐露《とろ》し、真実の言葉を語っているからなのだ。

それはフィクションという構造の問題で、登場人物が真実を語ったり、心に素直に沿った行動をしなければ、小説なりドラマなりが成立しないからである。

けれども、現実の人間生活も本当は同じだ。

真実がどこにもないのならば、わたしたちはいずれ狂気に至るか、自殺するかしかないのである。

損得で判断するということは、真実の人生を傷つけるものなのである。

会社に就職しようという若者が、会社を二つまで絞った。どちらからも誘いがきている。

あとは自分の判断次第だ。

最後にこの若者は、給料の高い会社のほうを選んだ。どちらの会社でも似たような仕事だから、給料の高いほうが得だと思ったのである。

それは世間的に賢い選択だとされるだろう。世間も損得でものを考えるからだ。

しかしわたしは、この世故《せこ》に長《た》けた若者には、つまらない苦労が多くなるのではないかと危惧《きぐ》する。損得で世渡りをするような人生は豊かではないと気づくまで、時間がかかるだろうと思うからだ。

人生とは損得の闘いではない。結局は人間とつきあっていくことに終着する。そのために必要なのは真実と真摯《しんし》さであることに、疑いの余地はないだろう。

仏教は澄みきった心で生きることを目指す

『法句経《ほっくぎょう》』にブッダの教えとして、次のような言葉がある。

諸悪莫作《しょあくまくさ》
衆善奉行《しゅぜんぶぎょう》

自浄其意《じじょうごい》

〈訳〉さまざまな悪をなさないように、さまざまな善を行い、みずから心を清めよ。

このように、意味としては単純な道徳である。悪をなさず、善をなす。分かりきっている。「この程度なら、おれだって言えるさ」と、いきまく人もいるだろう。それほど単純で幼稚に見える。

しかし、「みずから心を清めよ」との一文は深い。悪はもちろん、やましさが一点でもあれば、心は清まらない。顕示欲《けんじよく》のない純粋な善を行っていなければ、ブッダの教えにそむいている。

清められた心は、冬の青空のようであろう。澄《す》みきって、一片の雲もない。仏教では、そういう心になることを目指している。そういう澄みきった心で生きていくことを勧めている。

せめても僧侶はそうでなければならない。そこで、ブッダは弟子たちに「八正道《はっしょうどう》」と呼ぶ規範を教えた。それは次の八つである。

正見《しょうけん》……正しく見、正しく知って認識すること。
正思惟《しょうしゆい》……仏教の道理を正しく考えること。
正語《しょうご》……嘘《うそ》や妄想《もうそう》から離れ、真実の言葉を発すること。
正業《しょうごう》……殺したり、盗んだりせず、正しく生きること。
正命《しょうみょう》……戒律を守って正しく生活すること。
正精進《しょうしょうじん》……悪をなさず、善を増していくよう努めること。
正念《しょうねん》……偏《かたよ》った考えから離れ、正しい考えを忘れないこと。
正定《しょうじょう》……正しく瞑想《めいそう》すること。

これらをまとめて「道諦《どうたい》」という。行うべき道の真理ということである。渇愛から生じてくる苦しみを滅することを「滅諦《めったい》」というのだが、「道諦」を実践しなければ、苦しみを滅することはできない。

この「八正道」は修行者、僧侶向けのものであるから、坐禅《ざぜん》などの瞑想が含まれている。

坐禅を適正な指導者なく行うことは仏教では禁じられている。精神病になる危険性があるからだ。

一九八〇年代、アメリカからの影響でニューエイジ運動が広く流行した。その中に坐禅のテクニックを援用《えんよう》した瞑想法や呼吸法が含まれていた。それを行って超常体験を得るためである。

まねして救急車を呼んだ人も少なくないはずだ。速い呼吸を無理に行うと意識が変性状態になり、死に近づくようなものである。人間の体はもろいのだ。

現在でもニューエイジの流れをくむグループはあちこちにある。さまざまな名称を掲《かか》げているようだが、自己啓発セミナーの類《たぐい》は危ないと判断しても間違いではないだろう。

五つの戒めを守る

出家者向けの特別な「八正道」のほかに、ブッダが出家者、在家者《ざいけ》ともに示した実践倫理がある。「五戒《ごかい》」である。

戒《いまし》めとはあるものの、実際には生活習慣の規範とでもいうべきものだ。

生きているものを殺さない
盗みをしない
邪《よこし》まな性行為をしない
嘘をつかない
酒を飲まない

ちょっと詳しくいえば、殺人はもちろん、殺人を認めることも禁じられている。死刑許可のハンコを押すような法務大臣を選挙で当選させることも、殺人を認めることになる。

酒を飲めば理性のタガがはずれるのは誰でも知っている。

ドラッグも同じ作用をもたらす。覚醒剤などの中毒者がいかに馬鹿《ばか》げた行為をするか、わたしたちはニュースでよく知っている。

酒がもたらす酔いも、人間から簡単に理性を奪ってしまう。酔っ払いの喧嘩《けんか》はめずらしいことではないし、夜の繁華街《はんかがい》をふらふら揺れながら歩いている酔っ払いを見れば、正常ではないと分かる。

どんな誘因であろうとも理性的に判断できなくなれば、間違いを犯しやすくなる。いきおい、極端なこともしがちになる。結局は、苦しみの種となるつまらないものを生むことになる。

邪《よこし》まな性行為は明白に禁止されている。ブッダの教団では、性行為そのものが禁止されていた。結婚も禁止だった。

後白河《ごしらかわ》法皇がこう言った。

「隠すは上人《しょうにん》、せぬは仏」

女を隠しているのは上人だが、性交渉をもたないのは仏である、と。「上人」は立派な人物を指す尊称である。

すると、無住《むじゅう》という僧侶はこう返した。

「今の世には隠す上人猶《なお》すくなく、せぬ仏いよいよ希《まれ》なり」

後白河法皇の頃だから、平安時代後半である。その頃から僧侶の破戒《はかい》は目に見えて多かったのである。

それから六七〇年たった明治五年(一八七二)、太政官《だじょうかん》布告で僧侶の肉食・妻帯《さいたい》・蓄《ちく》髪《はつ》・平服着用が許可された。すると、今度はおおっぴらに妻帯を始めた。ちなみに、武田《たけだ》泰淳《たいじゅん》氏の小説『異形《いぎょう》の者』には、僧侶たちの性への偏執《へんしゅう》が描かれている。

そもそも僧侶の破戒など、その僧侶個人の問題だろう。しかし、国の政府が許可したからといってすぐに妻帯するというのはどう理解すればいいのか。

宗教は、国家や政治を超越した次元にあるものではなかったのか。政府が何をどうしようが、宗教人はみずからを律するのではなかったのか。

政府が許可したからいっせいに妻帯するというのは、政府の下にあるということをみずから認めていることにはならないか。政府の下にあるのなら、政府が恣意《しい》的にその宗教を滅することもできるはずである。

ブッダは明らかに、まともに生きること、真っすぐに生きること、自己を制して生きることを勧めていた。

その道は仏の道であり、官僚などから指図《さしず》されて曲がる道ではないはずなのである。

知っているようで知らない仏教用語①

ビミョーは「微妙」ではない

「どお、ユキの彼氏、カッコいいと思わない？」

「ビミョー」

「このカルボナーラ、おいしいよね」

「ビミョー」


このビミョーは現在の流行語としての使い方ですが、判断に困るときや、簡単に同意できない場合に、むしろ否定的なニュアンスで使われます。

しかし、仏教で多用される「妙」や「微妙」は、真理のすばらしさを形容する言葉です。ブッダの説いた真理は、比べるものがないほど深遠ですぐれているという意味で、「妙法《みょうほう》」などというふうに使うのです。その意味で、「南無妙法蓮華経《なむみょうほうれんげきょう》」にも妙法の文字が使われています。

中国語においても、「妙」と「微妙」は真理や智慧《ちえ》の深遠さ、美しいほどの不可思議さを述べるときに用いられてきました。

ところが、日本ではいつのまにか世俗的な事柄についても、この形容が使われるようになったわけです。

たとえば、「妙な男」という言い方では不審者、うさんくさい男という意味になります。また、「妙な人」という言い方は、もはや「変人」の言いかえになってしまいました。

本当の「出世」とは出世しないこと

「出世払い」という言い方があります。今は支払わずに、やがて出世して会社の役員などになったときに数倍にして支払うという意味です。

しかしながら、もし初めて入ったバーでしこたま飲んでから勘定のときに、「出世払いにしてくれ」などと言ったら、そのまま店を出ることは困難などころか、無銭飲食の容疑で警察署に突き出されることになるかもしれません。

ふつうに使われる「出世」の意味は会社の重役になったり、有名になってひと旗上げたり、大臣になったりすること、つまり高い地位や名誉を得ることです。日本経済がまだ元気に溢れていた頃、多くの親は子の出世を願ったものです。

けれども、本来の「出世」とは、ブッダがこの世に生まれたこと、もしくは、ブッダが悟りを開いたことをいいます。

これも立派になることではありますが、その立派の次元は、俗世間《ぞくせけん》での成功ではなく人間救済のために生きるということなのです。

今、ふつうに使われている「出世」という言葉は、その語源から遠く離れてあまりにもセコい意味になっているわけです。

ちなみに、「世」という漢字は、流転《るてん》する、移り変わっていく、という意味です。

したがって、世間も世界も恒久的《こうきゅうてき》ではなく、絶えず変化して、とどまらないものなのです。

第二章
仏教のキーワードは「縁起」と「空」

怪談『耳なし芳一』に見る仏教の考え方

霊魂の存在を信じる日本人の心性

わたしが子どものとき、多くの怪談映画を見た。世相として怪談映画がはやっていたのだろう。有名な『四谷《よつや》怪談』も、化け猫が出てくる『怪猫お玉が池』というのも見た。とにかく、おどろおどろしい映画だった。その夜は、怖い夢を見てうなされた。一九六〇年代の頃である。

当時、小学校の先生も授業中によく怪談話をしたものだ。今から考えれば、教師がなぜ生徒に怪談話を聞かせたのか不可解なことなのだが……。当時の地方の大人は、本当に幽霊が存在すると思っていたのかもしれない。

東京オリンピック、大阪万博のあと、怪談映画がめっきり少なくなった。子どもたちは、怪獣映画を多く見るようになった。新しいビルが古い建物にとってかわり、日本人の意識が変わったせいなのだろうか。

イギリスも怪談や幽霊話の多い国だ。修道士の幽霊話も少なくない。死んだ修道士が幽霊になって出てきて、生きている人間に小便をかけたりするのだ。中世の建物が多く残っているせいか、イギリスの幽霊は由緒ある屋敷や、決まった場所に出る。

一方、日本の幽霊は人に憑《つ》くほうが多いのではないか。そういう幽霊は個人的な恨《うら》みを抱いている。裏切られた恨み、殺された恨み……。恨みが幽霊の原動力なのかもしれない。とすると、暴力や殺しあいによって権力争いをしている連中は、幽霊や化け物に悩まされているはずだ。

だから、この国には怨霊《おんりょう》という言葉が溢《あふ》れている。たぶん、怨霊について書けば、裏日本史を描く本となるだろう。

怨霊に関係したもっとも身近な観光地といえば、日光東照宮だ。ここには徳川家康がまつられている。家康の怨霊を鎮《しず》めるためだという。

怨霊を鎮めるために建てられた神社や寺は全国に驚くほど多い。

日本人は祟《たた》りを恐れる心性《しんせい》をもっているといっていいだろう。祟りを恐れるのは古代や戦国時代の日本人だけではない。現代人も祟りを恐れている。

自称霊能者が、「あなたは先祖の供養《くよう》を十分にしていないから、そんな病気にかかるのです」などと言っているのを聞いたことがないだろうか。

これだけのことで、相談者は妙に納得してしまう。ふだん、墓参りなどを怠《おこた》っているというしろめたい気持ちがあるからであろう。その気持ちが急に浮き上がってくる。

新興宗教はそういう心理を見抜いているから、供養などの行事、作法、方法論を確立している。信者たちはそれで安心を得ることになる。

ただ、何か不正や怠惰《たいだ》を自覚しているからというだけで、報復として形になった祟りを恐れているわけではない。心の深みで霊魂の不滅を固く信じているからこそ、祟りを恐れる心性になる。

なぜ、根拠がはっきりしていないにもかかわらず、日本人は霊魂の不滅を信じているのか分からない。

たぶん、分かる分からないといった知的な次元でのことではないのだろう。とにかく、霊魂の存在を固く信じるという日本人の心性は、古代からのものである。

本来は霊を認めないはずの仏教だが、日本ではそうもいかない

奈良時代、きっかけがあれば、霊魂は体から遊離して人間に憑依《ひょうい》するというのが当たり前の考えだった。

憑依するだけで終わりはしない。禍《わざわい》や危害を与えるようになる。

そういう霊を、「怨霊」「物《もの》の怪《け》」などと呼んだ。平安時代の文献や絵巻物には、これら怨霊がたくさん出てくる。

神道《しんとう》のお祓《はら》いだけではとてもすまないほど、怨霊の数が多かったらしい。当時の仏教僧侶たちの主な仕事は、これら怨霊や物の怪を鎮めるための加持祈禱《かじきとう》だった。

貴族が病気になっても、ノイローゼになっても、雷が屋敷に落ちても、異常気象のような天災が起きても、とにかく怨霊のせいにされた。

当然、怨霊は物語でも描かれる。『栄花《えいが》物語』にたくさん出てくる。『源氏物語』にも物の怪は出てくる。

光源氏《ひかるげんじ》の正妻である葵上《あおいのうえ》が難産で苦しむのは、光源氏のかつての愛人の六条御息所《みやすどころ》の

生霊《いきりょう》が物の怪となってとり憑いているからだとされている。もちろん、僧侶による加持祈禱が行われた。

物の怪は人間よりも力が強いらしい。葵上は夕霧《ゆうぎり》を産むが、結局は生霊にとり憑かれて死んでしまうのである。

仏教は原則的には霊についてほとんど関心をもっていないはずなのだが、怨霊が日常で当たり前である日本においてはそうもいかなくなる。

密教の空海《くうかい》などは、加持祈禱のスーパースター的存在だった。空海が貴族や権力者らのために加持祈禱していなければお取り立てもなかったはずだから、これほど有名になってはいなかったろう。

有名な『往生要集《おうじょうようしゅう》』を著した浄土《じょうど》教の源信《げんしん》も、霊の存在をはっきりと認めている。浄土に往生するのは死者の霊魂だと言っている。

これは当時の多くの人々、また、現代日本人の考えとそっくり同じではないだろうか。いや、考えというよりも感覚だろう。

そもそも霊については何も確たる証拠がないわけで、考えたあげく結論を出すということができないのだから。つまり、信じるか信じないかということになる。

霊魂信仰が圧倒的多勢の時代にあって、霊も心も捨て去る方向にあったのが曹洞宗《そうとう》の道元《どうげん》だった。禅宗では基本的に霊を認めていない。

かたや、霊はある。本来の仏教では霊を否定する。逆のベクトルである。

それ以来、日本人はこの相反《あいはん》する心性を抱えてきたのではないか。

芳一の耳はなぜ消えなかったのか

その矛盾点《むじゅんてん》から生まれたのが有名な怪談『耳なし芳一《ほういち》』だと思う。この怪談を知らない人はごく少ないと思うが、とりあえず、粗筋《あらすじ》を紹介しておこう。

赤間ヶ関《あかませき》（現在の山口県下関《しものせき》）に、阿弥陀寺《あみだ》が建てられた。壇ノ浦《だんのうら》の源平《げんぺい》の戦いで死んだ平家一族の亡霊を慰《なぐさ》めるためだった。

この寺が建つ前、亡霊たちは船を沈めたり、泳いでいる者を水底にひきずりこむなど、さんざんの悪さをしていた。

寺が建ってから亡霊たちの悪さは少なくなったが、それでもまだ時折奇妙なことが起きては亡霊たちが完全には鎮《しず》まっていないことが示されていた。

阿弥陀寺に、和尚《おしょう》の親切で間借りしている盲目の若い琵琶《びわ》法師がいた。名前は芳一といい、源平の壇ノ浦の戦いを琵琶にあわせて吟《ぎん》ずる名手だった。

ある夏の晩、和尚と小僧が檀家《だんか》に出かけて留守のとき、一人寺に残された芳一を訪ねてくる者があった。

それは鎧《よろい》を着た武士であった。武士は主君の前で琵琶を弾《ひ》いて吟じてくれと芳一に頼んだ。目の見えない芳一は武士についていき、広い屋敷らしいところで大勢の人々の前で琵琶語りをした。

特に二位《にい》の局《つぼね》が幼い天皇を抱いて海に沈む段にさしかかると、一座は苦悶《くもん》の声を上げ、激しく泣いた。そして、明日の夜もまた使いの者を送るので、来て弾いてくれと芳一に頼んだ。

寺の和尚は芳一が夜な夜な出かけていくのを知ると、寺男《てらおとこ》に芳一のあとをつけさせた。すると、芳一は墓地の中でたった一人雨に打たれながら、安徳《あんとく》天皇の墓の前に座って琵琶をかき鳴らしていたのである。その周囲にはたくさんの鬼火《おにび》が揺らめいていた。

寺男は芳一を強引に寺に連れて帰った。和尚の心配していた通りだった。和尚は芳一に、おまえの見ていたものは幻《まぼろし》なのだよと言う。もう二度とついていってはならない。今度は亡者《もうじゃ》たちがおまえを八つ裂きにしよう。

しかし、その夜も和尚は出かける用があった。心配した和尚は、亡者から芳一を護《まも》ることになるお経の文句を、芳一の体に書きつけた。頭から足の裏まで、芳一の体には『般若《はんにゃ》心経《しんぎょう》』がびっしりと書きこまれた。

「今夜もまた武士が迎えにくるだろうが、決して返事をしてはならない。何が起ころうが、一寸たりとも身動きはならぬ。少しでも物音を立てたりすれば、おまえはたちまち八つ裂きにされてしまうのじゃ」

その深夜、傍《かたわ》らに琵琶を置いた芳一は咳《せき》もこらえてじっとして縁側に座っていた。すると、いつものように迎えの武士の足音が近づいてきた。

武士は芳一を何度も呼んだが、芳一は和尚に言われた通りに息を殺していた。『般若心経』が書かれた芳一の体は武士には見えないらしかった。

「ここに琵琶が見えておるが、法師のは耳が二つ見えるばかりじゃ。口がないので返答ができなかったというわけか。法師には耳しか残っておらんから、この二つの耳をもち帰って、殿様の命《めい》に背《そむ》かなかったしるしにいたそう」

そうして、芳一の両耳はもぎとられた。

芳一は耳がちぎられる痛みに耐え、血がだらだらとたれる耳に手をあてることもしなかった。和尚は芳一の耳にだけ経を書きこむのを忘れていたのだった。


こんな粗筋だけでもぞっとする話だ。

ところで、この有名な怪談を成立させているのは、『般若心経』を書いた部分だけ体が見えなくなるという点だ。それが重要な鍵にもなっている。

子どもの頃、わたしはこの怪談を知って、お経には幽霊の目から逃れる効果があるのかと単純に考えた。

大人になって『般若心経』を知り、ようやく分かった。

『般若心経』はいっさいが「空《くう》」であることを述べた経なのだ。よって見えなくなる。

もちろん、この論理は奇妙だ。

しかし、怪談話だからしかたがない。

重要なのは、いっさいが「空」だと見る仏教の中心の考え方がこの怪談にあっても失われていないということだろう。この「空」の意味については、次項から説明していく。

見えているのは、煩悩《ぼんのう》で構成された幻にすぎない。この怪談の中で、和尚も「おまえの見ていたものは幻なのだよ」と言っている。

しかし、人間は、自分に見えているものはどうしても否定できないのだ。仏教がいっさいを幻だと断じても、頭では理解できても、心性としては理解できない。

これが、日本人の心の中に昔から根づいている葛藤《かっとう》なのではないか。そういう葛藤は他の面でも多々あり、宗教文化の異なる他国の人間には、不思議な曖昧《あいまい》さに映っているのかもしれない。

仏教のキーワード――「縁起」と「空」

「縁起」とは何か

世界最高峰《さいこうほう》の山チョモランマ（ネパールと中国の国境上にあり、ネパール語ではサガルマータ、英語ではエベレストという）の頂上近くには、登山者の遺体がいくつも残されている。

自然に冷凍されて、遭難《そうなん》したときのままである。あとから登ってきた登山者は、ただそれを見るだけだ。

遺体をもち帰ることができないのは、そのようなことをしたら、自分たちが遭難してしまう恐れがあるからだ。そこにいるだけで命が危険なほど、苛酷《かこく》な自然状況なのである。

では、ヘリコプターを使って遺体を収容すればいいではないか。そう思う。しかし、ヘリコプターも飛ばないほど空気が薄い。

ヘリコプターは空気を押し下げることによって浮力を得る。それに必要な酸素や窒素《ちっそ》の分子の数が少ない。

空気、すなわち分子の数が多く密集していなければ、ヘリコプターの航行は不可能だ。ほとんどの鳥も飛ぶことができない。

魚も同じだ。水があるから泳ぐことができる。水があるからこそ、生きることができる。魚が鰓《えら》の構造を変えない限り、通常は水のない場所で生きることはできない。

美空ひばりに『川の流れのように』という歌がある。

川は低きに流れることによって川でありうる。もし土地の高低がなければ、水は澱《よど》み、やがて干上《ひあ》がる。

多くの金をもっていても、金が世間に流通していなければ価値がない。金が流通していても、その金に見あう商品がなければ、金の価値も生じない。

何事も、互いが互いを成立させている。

『律蔵《りつぞう》』にはこう書かれている。

これ有るとき彼有《かれあ》り、これ無きとき彼無く、これ生ずるとき彼生じ、これ滅するとき彼滅す。

すべてが、縁《よ》りて起こることだという。つまり、互いに関係しあって相手を支えている。これを「縁起《えんぎ》」と呼ぶ。

ブッダの悟りの中身の知的理解はこれである。

悟りとは、神秘めいた超常体験のことではない。いっさいを見通すことである。ありのままに見る眼を持つことである。

すべてのものが関係しあって互いの存在を支えている

すべてのものが関係しあって互いの存在を支えている。この世のどこを見ても、いっさいを縁起の理《ことわり》が貫いている。これがブッダの悟りである。

「縁起」という言葉がなじまず、いまひとつ分かりにくいというのなら、「関係性」と言いかえてもかまわない。

たとえば、ここに四十歳代後半のある男がいる。彼は妻にとっては夫であり、子から見れば父。そして、彼の親からすれば子である。彼はそういう関係性において、今の彼自身であるわけだ。

会社に行けば彼は部長であり、経営者から見れば従業員であり、新橋の焼き鳥屋の店主から見れば、週に一回は顔を出してくれる客でもある。

これは個人をたんに役割や待遇という面から見た比喩《ひゆ》にすぎない。しかし、こういった見方をもっと深くつきつめてみればどうなるか。

すると、この世のあらゆるものが、関係性においてのみ、その存在が確かめられているということに気づかされる。

あなた自身でさえ、多くの人々との関係、あなたの周囲にある、あらゆるものとの関係において、今のあなた自身でいることができる。

最初から自分というものが存在しているのではない。多くの人と物と事柄との関係から、自分というものが今ここにこういうふうにありえている。

生物学的な点からいっても、自分の祖先として何十億人もの人間が昔に生きていたからこそ、自分がここに誕生できているわけだ。これは疑いえない。

すると、何十億人もの祖先のうちのたった一人でも欠けていたとしたら、自分はここに存在できなかったわけである。

今ここに存在しているということは希有《けう》なこと、実に奇跡的なことなのである。

同じことが現在の状況においても通用する。

あなたは「争い事に満ちた非情なこの世の中」と思っているかもしれないが、この世の中のいっさいがあなたという存在を支えている。同時にまた、あなた自身が他の人やものの存在を支えているのである。

こういう関係性を、仏教ではよい意味でも悪い意味でも「縁《えん》」と呼んでいる。

漢訳では「因縁生起《いんねんしょうき》」、サンスクリット語では「プラティートゥヤ・サムトゥパーダ」という。

「縁のある人」という使い方に見られる、あからさまな人間関係だけを「縁」と呼ぶのではない。

仏教をひと言でいえば、「縁起」を身にしみて知ること、これしかない。

「色即是空」の「空」の意味

だから、仏教の精髄《せいずい》のみを書けば、一ページくらいですんでしまう。キリスト教はもっと短い。六文字ですんでしまう。「神は愛である」、これだけである。それだけでは本にならないと編集者から叱《しか》られてしまうし、読者に対しても不親切になるから、「縁起」の思想から当然のように生じてくる「空」の思想についても述べなければならない。

空は「くう」と読む。もっともポピュラーな経典『般若心経』の中で、もっとも有名な部分にある「空」である。

「色即是空《しきそくぜくう》、空即是色《くうそくぜしき》」のくだりは多くの人が一度は聞いたことがあるだろう。『般若心経』では、他に「五蘊皆空《ごうんかいくう》」「一切皆空《いっさいかいくう》」など、「空」の文字が多用されている。

「空」とは、他との関係があってこそ成り立っている状態を指す言葉だ。

この世にあるどんなものも他との関係なしには決してここにありえない。だから、いっさいが「空」だと仏教ではいう。

したがって、「空」は無いことを意味する言葉ではない。

くり返すが、すべてのものは相互に限定したり依存すること、すなわち「空」であることによって成り立っている。

この互いの関係性を「縁起」と呼んでいる。「縁起」があるから、その結果としての現れがこの現実世界となっている。

こういう意味で「空」という文字が使われていることが分かれば、「色即是空」の意味もまたすぐ分かってくる。

「空」は「無」ではない

「色即是空、空即是色」の意味が、今ではもう明らかであろう。「色」、すなわち物質や肉体の本質は「空」である、ということだ。「空」であるものは現象としては物質や肉体である。それ以上の意味はない。

「ふうん、人生自体も空なのか。じゃあ、どう生きたっていいんじゃないか」

と考える人もいるかもしれない。しかし、「空」だから無価値だと断じるのは、独断というものである。

くり返すが、「空」は無いとか、無価値、無意味を意味しているのではない。

たとえば、空席の空は今の場合の「空」ではないが、空席の場合でもそこに席はある。席としての価値は減りも増えもしない。その意味で「空」である。

こういう論理が面倒だと思うなら、「空」とは現象だと考えてしまってもいい。現象は幽霊とはまったく異なる。現象は誰の目にも見えるし、かかわることもできる。

電話で相手の声を聞く。しかし、本当は相手の声ではない。電気的な現象にすぎない。テレビも同じだ。写真も同じだ。いっさいが現象である。

自分の声ですら現象である。自分の声は耳で聞くばかりではない。自分の骨を通じて聞いている。それをあなたは自分の声だと思っている。ところが、他人はあなたの声を別なふうに聞いている。主に空気の震《ふる》えを通じて聞いているからだ。

こういう知覚はみな「空」である。それは幻ではない。この現実のことだ。世界とはこういう現実の集合だ。であるならば、ないがしろにすることなどできるはずもないではないか。

「空」のこういう考えを哲学だと思うかもしれない。はっきり言おう。仏教は哲学である。悩み苦しんでいる人の考え方を楽にする哲学である。

とにかく、仏教の第一歩は、「縁起」と「空」の哲学から始まるのである。

努力が良い縁起をつくる

ところで、物にはすべて実体（そのものだけで存在するもの）があるという考えも昔からある。これを仏教では「常見《じょうけん》」と呼び、極端な思想だとしてしりぞける。これとは逆に、すべては実体がないのだから本当に無だという考えもある。こっちのほうは「断見《だんけん》」と呼んで、やはり極端だとしてしりぞける。

仏教の「空」の考え方は、この極端な二者を否定しつつ、その中間を唱《とな》えるものである。これを「中道《ちゅうどう》」と呼ぶ。もちろん、昨今の政治家が安易に口にする中道とはまったく意味が異なるものである。

とにかく仏教では、いっさいは縁起がつくった現象だとする。これを認めるならば、状況を変えることは簡単であろう。

悪い状況ならば、悪い縁起がつくった現象である。そこから脱したいのなら、悪い縁起を排するようにすればいい。

悪い友達がいるから非行に走るというのなら、その縁起を絶つ。悪い友達とつきあわずに、良い友達とつきあえばいい。

しかし、縁起の中には自分の心や行いが含まれていることも知っておくべきだ。

だから、まず自分の心の向きや行いを変えることが、悪い縁起を根本から排することになる。

生活習慣病を形成している悪い縁起こそ、自分の悪い習慣や癖《くせ》であろう。

一時的に薬が病気を弱めたとしても、病気を生じさせた縁起である種々の生活上の要因から自分自身が離れようとしない限りは、再び同じ病気にかかる確率は高い。

「自分ではそういうふうに努力しているつもりなんだけど、これがなかなか」

と、悪い縁起を絶ちきれないことにいらだっている人もいるかもしれない。

けれども、それで自分を責めたり、自分を不甲斐《ふがい》ないと嘆く必要などさらさらない。

良く生きようと努力して生きていく人生は尊《とうと》く、美しいからだ。

必ず誰かが見て、生き方の美しさにあこがれて、その人も努力を始めるものだ。だから、自分の努力は良い縁起をつくっているのである。

はっきりと目に見えなくても、それは良い縁起である。

「縁起」に目覚めて自由になる

わたしたちはさまざまな関係の中で生きている

善人は信義を重んじるものである。信義を重んじない者をふつうは善人とは呼ばない。

ところで、やくざ者も信義を重んじる。

では、やくざ者は善人か。違う。

やくざ者が信義を重んじるのは、身内の間だけである。やくざ者同士で互いに信用しあうことがなければ、その集団がうまく機能しないからだ。

やくざ者は彼らなりの関係の中でこそ自分が生かされていることを重々知っている。いったんその関係を壊せば、代償は時に死ともなる。

やくざ者だけではない。どんな人間も関係性の中で生きている。どんなに性格の悪い人であろうとも、決して一人で生きているわけではない。

一人で生きていくことなど、不可能なのである。

他の人々がいて、この環境があって、さまざまな物があって、それらとの関係の中で今こうして現実に生きている。

そのことを身に沁《し》みて感じているから、「いつもお世話になってます」とか「おかげさまで」と言うのではないか。

社会に出たばかりの若い人が、慣例やまねから口にする「お世話になってます」よりも、人生をある程度経験してきた人が言う「お世話になってます」は、言い方は同じでも、心の重さが違うなどといえば、若い人に怒られてしまうだろうか。

こういう物書き業にしても、周囲から「先生」と呼ばれ、おだてられて安穏《あんのん》と生きているわけではない。書く事柄がたくさんあっても、編集者、版元、取次、書店、読者がうまく関係してくれなければ何も生み出せない。

そういうふうにして社会や経済が動いているということは、まともな社会人なら経験からおのずと分かっている。

すべては「縁」から生まれている

仏教では、この関係性というものをもっと徹底して考える。

そして、この自分というものですら多様なる関係によって成立しているものであって、それらの関係性を排除してしまえば、自己というものがついには何もなくなってしまう、という驚くべき事態につきあたるのである。

中世フランスに生きた哲学者デカルトは、この自分、せんじつめていっても、この自分の精神の存在だけは疑うことができないと『方法序説』で述べた。それが、有名な「われ思う、ゆえにわれあり」という一文だ。

一方、仏教ではこの自己すら関係性の中にあって、あたかも存在しているように見えているだけであり、自己の実体などというものはないと考える。

先にも述べた縁起思想である。

関係性のみが重要であるというこの考えは、ゼロを用いることによって初めて正確に表現される数字表記のようなものだろう。

たとえば、2007という西暦年の表記である。2と7に挟まれた0は何もないことを示しながら、同時に桁《けた》を表している。

百と十の桁には何もないのだから、そのまま27と記してもよさそうなのだが、それでは二桁の27と区別がつかなくなってしまう。だから、空白にゼロを置く。

そして、このゼロは両端の数字との関係によって意味をなすわけである。

わたしたち個人の存在も、このようなものだと、仏教では考えるのである。

自己は無であると同時に、関係性の中では有となる。言いかえれば、現在の関係性の中でこそ、自己は有として存在する。

であるからこそ、今の関係は大切なものである。今ある自分と周囲との関係は、まさに自分の命なのである。

命とは生きている自分の生物学的な命だけではない。関係も命なのである。

だから、「お世話になってます」という挨拶《あいさつ》は命の確認と感謝となる。

今だけのことではない。これまでに無数の縁があったからこそ、今の自分がここに命をもって存在しているわけである。

喜びも悲しみも、悩みすらも、この縁によって生じている。

そういうふうに見通していくと、結局すべてがいただきものであったということが明らかになるだろう。

この命も、人生のこの手応《てごた》えもいただいたものである。そう気づいたとき、澄みきった安心が自然と生まれてくる。

もはや、善悪すらも、この縁の中での出来事となる。どんなささいなことも、この一瞬の感情ですらも、たった今の縁がつくり出したものとなる。

仏教が「縁起」と「空」を悟れと勧めているのは、感謝する生き方を創造するためなのである。

自由になれるかどうかはあなた次第

自分の人間関係をしがらみと考える人もいるだろう。そういう人は、「いっさいのしがらみを捨てて、本当の自由の中で生きたい」などと言う。

自由になりたいのだったら、今のままで自由に生きればいい。自由がないのではなく、自分が自由になっていないのだと気づけばいい。

人間は不思議なもので、何か都合の悪いことがあっても、なかなか自分のせいだとは思わない。自分を不自由にさせているのは何なのだろうかと、自分の外に何か原因を探そうとするのである。

しかし、自由を感じるのも、自由に動けるのも自分なのだ。自分に自由さを許すような何かが外にあるわけではない。

たとえば、いつまでもぐずぐずと瑣末《さまつ》なことに執着《しゅうちゃく》しているだけでも、不自由さを感じるものだ。自由になるためには、この執着という煩悩《ぼんのう》を捨てればいい。

すると、時間や労力を無駄に費やすつまらない執着から、すっと離れることができ、以前よりもずっと自由になれるものだ。

窮屈《きゅうくつ》な思いをしている、周囲に気兼《きが》ねしていて不自由を感じるというなら、周りの人々がこの自分に関係してきて縁をつくっていることと同様に、この自分もまた同じ作用を周囲に及ぼしていることを知ればいいだろう。

自分から働きかける。自分から優しくする。笑顔を向ける。声をかける。気持ちのいい挨拶をする。それらはみな、縁をつくる行為である。あなたが自由だと感じる縁をつくる、もっとも効果のある働きかけなのである。

だから、これまで自分が憎んでいた相手に笑顔を向ければ、相手もやがては笑顔を返してくるという縁に変えることもできるわけだ。

そうなったときは、もはや味方がたくさん増えたようなものだ。とても楽に生きられるようになる。自由にふるまえるようになるのである。

もちろん、それは放逸《ほういつ》なふるまいをみずから許してしまうことではなく、縁のありがたさを身に沁みて知るほど、かえって節度ある自由になるというわけである。

人間は「空」であり自我は存在しない

人は自分を基準に判断するものだ

子どものとき、大人たちを見上げて、大人というのはみんな背が高く、体が大きいものだと思ったものだ。

そのわたしは百七十八センチの身長になった。自分では背が高いとは思わない。ドイツで暮らしていたときは中背である。

しかし、わたしのことを背が高いと言う人がいる。そんなことを言う人は、わたしより背が低い。

人が口にする高さ低さの基準は平均身長の数値ではなく、自分を基準としていることが多いものである。

料理をおいしいとかまずいとか判断するときも、自分の味覚や体調を基準にしている。

そのことをよく知っている料理人は、客の調子を顔色などからすばやく見抜いて、その人にあった味つけにする。すると、その人がおいしいと感じる料理がつくれる。

客の様子など気にもかけない料理人は、自分の体調にあわせて味つけをする。すると、料理の味が妙に塩辛くなったり、ぼけた味になったりする。まずい料理屋にはエゴイスティックな料理人がいるわけだ。

何事についても自分を基準にする。これは人間の性《さが》なのだろう。

かつて、わたしは鮨《すし》をつまむならば麹町《こうじ》にあるKという店に足を運んでいた。旨いと思うから、四谷の小料理屋の主人にも勧めた。

後日その店で食べてきた主人は、かんばしくない顔をしている。旨くなかったという。わたしは、築地《つきじ》が休みの日だったからだよと弁解めいたことを言うしかなかった。

食い物だけではない。誰々は金もちだ、誰々はあくどい、誰々は下品だ、誰々は知識がない、というふうな世間的な判断のすべては、自分が基準になっている。

したがって、ある人物に関しての評判は、人によって異なるということが起きてくる。だから、毀誉褒貶《きよほうへん》定まらぬというのは、気にするほどのものではないとも思う。

人間の認識の不確かさ

道元《どうげん》の『正法眼蔵《しょうぼうげんぞう》』に、こういう言葉がある。

自己をはこびて万法《ばんぽう》を修証《しゅしょう》するを迷《まよい》とす……

「この自分を基準として、いっさいの現象を認識しようとするのが迷いというものである」という意味だ。

仏教から見れば、ふつうの人々の認識と判断は、迷いそのものにほかならない。迷いは心と体を煩《わずら》わせ、苦しめる。

「あの人は性格が悪いから嫌い」などと言っている人は、その判断によって自分自身が苦しんでいる。「嫌い」というのは、客観的判断ではなく、自分が感じている苦しみの表明なのである。

性格が悪いとされた「あの人」自身は苦しんでいない。愚痴《ぐち》をこぼす人は、その認識によってみずからを苦しめているだけなのだ。

悪口を言った瞬間に、胸や口の中が少々気持ち悪くなるのを感じる人も多いはずだ。実際、内臓に悪影響を及ぼすこともある。

では、どういう認識が正しいのか。道元はこう書いている。

人、舟にのりてゆくに、目をめぐらしてきしをみれば、きしのうつるとあやまる。目をしたしく舟につくれば、舟のすゝむをしるがごとく、身心を乱想して万法を辨肯《はんけん》するには、自心自性《じしんじしょう》は常住《じょうじゅう》なるかとあやまる。もし行李《あんり》をしたしくして箇裏《こり》に帰《き》すれば、万法のわれにあらぬ道理あきらけし。

〈訳〉舟に乗って行くとき、岸を見ていれば、岸が移り動いているように誤って見える。けれども、素直に舟のほうを見れば、舟が進んでいることが知れる。

このように、身と心が乱れたままで現象を認識しようとすれば、この認識が不変で確かなものだと誤ってしまう。

しかし、もし素直に日常の事柄をしっかりと反省してみれば、現象そのままを見ることなど、自分の認識力にはないと明らかになる。

と、道元は人間の認識の不確かさを述べている。

しかし、その不確かな認識をもって、わたしたちは自分がここにいると思っている。不確かな認識は迷いであり、正しくないものだ。よって、自分の存在も決して確固としたものではない。

あなたが太っているか痩《や》せているかということについてすら、正しい判断はできない。ある人はあなたについて少し太りぎみだと言い、また別の人はあなたが標準より痩せていると言う。

困惑したあなたは判断をどこにゆだねるかというと、今度は科学とか医学的統計の数値判断にまかせてしまう。しかし、そういう科学的判断もまた、時代によって変わる。

つまり、普遍的に正しい尺度なんかどこにもない。

どこにも絶対的な尺度は見あたらないということに気づかされる。そして、今までの自分や他人の尺度も偏見だったと分かるのである。

人間は「空」である

ブッダは人間を深く見て、「我」は無い、「自我」というものは存在しえない、「無我」であると悟った。

これを、「五蘊無我《ごうんむが》」という。

「五蘊」とは、人間ということだ。人間まるごとが五蘊である。

「蘊」とは「集まり」を意味する。五つの蘊が集まっている。すなわち、

色蘊《しきうん》（肉体）

受蘊《じゅうん》（感受作用）

想蘊《そううん》（観念作用）

行　蘊《ぎょううん》（心理作用）

識蘊《しきうん》（識別判断作用）

これらが寄り集まって、一個の人間というものができ上がっている。心と肉体のからみ

あいによって、現象としての人間ができている。

問題は、人間を形成している個々の蘊は、他の蘊なくして在りえないということだ。一個の蘊だけでは存在できない。他の蘊がなければ、その一個の蘊はない。

そういう意味で、蘊は実体ではない。先に説明した空である。空が五つ集まっても空である。

『般若心経』にある「五蘊皆空《ごうんかいくう》」とはこのことである。

空が集まって人間ができている。人間は空である。実体ではない。

「しかし、その中に霊魂があるのではないか」

と考えたくなる。

この五蘊の中心に霊魂というものがあるのだと考えたとしても、空に囲まれて存在するようなものはやはり空であろう。実体としての霊魂はありえない。

しかし、仏壇の中にある位牌《いはい》には、先祖の霊とか誰々の霊と記されている。墓石にも霊という文字が刻《きざ》まれていたりする。

にもかかわらず、本来の仏教では霊の存在を否定する。肉体はもちろん、心をも否定する。自己が確かにあることも否定する。

ブッダはこう述べている。

名称と形態について、〈我がものという思い〉の全く存在しない人、また（何ものかが）ないからと言って悲しむことのない人――彼は実に世の中にあっても老いることがない。

なぜ老いることがないのか。

正確にいうと、肉体的には老いる。ブッダも老いた。ただ、すべてを空と見た以上は、老いるという観念にもかかずらうことがなくなる。

「もう歳《とし》だからなあ」

と嘆くどころか、そんなふうに世間的に考えることもくだらないと思うようになる。だから、気にして老いを感じることがない。

時間ですら空である。時間もまた現象だからだ。

時間に追われたり、時間にこだわったりするのは、捨てるべき煩悩でしかない。そのため、禅寺での修行僧は腕時計をもつことを禁止されている。

自分を忘れる境地、それが「無我」

仏道に生きようとする人は、無我の観点から世界を見るのである。

『正法眼蔵』の有名なくだり。

　仏道をならふといふは、自己をならふ也。
　自己をならふといふは、自己を忘るゝなり。
　自己を忘るゝといふは、万法に証せらるゝなり。
　万法に証せらるゝといふは、自己の身心および他己《たこ》の身心をして脱落せしむるなり。

　この有名な数行は難解だと思われているらしい。解説をあわせ読んでも、なるほどそういうことだったのかという明確な理解には至らない。

　それにしては何となく格好のいい名文だから、「昔の僧は偉かったんだな」などと思うだけですませてしまうわけだ。

しかし、この有名なくだりは本当に難解で、理解不能なものなのだろうか。

ここには、「仏道をならうということは自己をならうということだ、自己をならうということは自己を忘れてしまうことだ」と書かれている。

自己をならうとは、要するに自己とは何かと問うていくことだ。それが自己を忘れることだというのだから、ちょっと分かりにくい。

しかし、かまわずに次を読んでいくと、「自己を忘るゝといふは、万法に証せらるゝなり」とある。

「万法」とは、いっさいの現象とか、存在しているように見えるいっさいのもの。そこに、自己とは何か、証明してくれるものがある。

仏道とは、さきほどから述べているように、すべては「縁」だという道理をつかむことから始まる。

それを知ることが自己を知ることだというのだから、自己の存在もまた縁によって支えられていることを知るということになる。

こうして自分にかかわる縁をいっさいのものの中に深く見つめていくと、結局この自己という確固としたものを見出すことができない地点に至る。

だから、ついには自己の存在を忘れてしまう。「無我」だ。

つまり、「自己をならふといふは」と「自己を忘るゝなり」の間の、「縁を見つめる」ということを省略したために難しく思えたのにすぎない。

なぜ省略したかというと、道元の本は、禅寺での修行僧のために書かれているからだ。たんに一般向けではないから、理解しがたく見えただけである。

しかし、あなたはもう仏教の最重要点の「縁」という考え方の一端を知っている。よって、たったこれだけの説明で『正法眼蔵』のポイントを理解できるようになったわけだ。

このように、仏教の真理はひどく難しいものでも、一般人には理解しがたいものでもない。ほとんど誰でも理解できるものなのである。

そして、誰もが理解できるものでないと、仏教には意味がない。

知っているようで知らない仏教用語③

「言語道断」を知らないとは言語道断

「言語道断《ごんごどうだん》」という言葉を使っても不思議な顔をされなかったのは、読書が教養であり美徳であった一九七〇年代頃まではなかったでしょうか。

二十一世紀の現在、若者に向かって「電車の中で着替えをするなど言語道断」と言ったところで、ぽかんとした間抜け顔を返されるだけでしょう。ひょっとしたら、その若者だけではなく、周囲の大人たちもその意味をはっきりとは知らないかもしれません。

言語道断とは、言葉にできないほどとんでもないこと、あきれてものが言えない、といった意味です。元は仏教からきた言葉で、仏教の説く真理は言葉では説明ができないということです。禅宗でよく用いられる「不立文字《ふりゅうもんじ》」もそういう意味です。

だからといって、言葉が必要ないわけではありません。言葉を用い、体で覚え、経験で知っていくことが大事なのです。

それは実は当たり前のことで、たとえば優しさということも、わたしたちは文字で知るのではなく、人から優しくされて初めて知るわけです。

ですから、この人生を自分の心身で全力で生きることが真理へ近づく道だといっても過言ではないのです。

「世間」は汚れたところ

「世間《せけん》」もまた、仏教から生まれた言葉です。ふつうは、自分の身近にある社会環境という意味で使われています。ところが仏教では、今現在この自分が身を置く場所という意味で用いられます。

その世間は二つに分けられ、生き物すべてのことを「有情世間《うじょうせけん》」といい、これら生き物が棲《す》む自然環境のことを「器世間《きせけん》」といいます。

そして、現代での使われ方よりも、仏教では世間という言葉に対しての嫌悪感が強く、世間は迷いに満ちた俗世間、あるいは嘘《うそ》と欲望が渦巻く汚れた世の中という意味で使われています。

そんな世間から抜け出て悟りの世界に入ることを「出世間《しゅっせけん》」といいます。

ブッダの尊称の一つに「世尊《せそん》」というものがありますが、この「世」は「世間」を意味しています。世尊とは、この世の中で仏の真理に目覚めた尊い人という意味になります。

ちなみに、世間を悪くとらえ、独《ひと》り修行に出たりするのは、インド人には昔から厭《えん》世《せい》的な気分が濃くあるからだという説があります。

また、バラモン教が規定した四住期《しじゅうき》の影響もあると考えられます。

これは、まずヴェーダ聖典を学ぶ第一期、結婚して家庭をつくり子供を育てる第二期、森に住んで修行する第三期、定住せずに食べ物を恵んでもらう第四期、この四つを生涯において順に行なうというものです。

第三章

煩悩から自由になる

「三毒」と「五つの蓋《おお》い」

貪欲な人は顔に出る

薬は飲みすぎると毒になるという。毒を薄めると薬になるともいう。

煩悩《ぼんのう》もある程度なら薬になるのだろうか。

心と体を蝕《むしば》む煩悩の中でも、特に根源的な三つのものは「三毒《さんどく》」と呼ばれている。

一つ目は「貪欲《とんよく》」である。

欲望深くむさぼってやまないことだ。「とんよく」などと振り仮名を振ったが、要は貪《どん》欲《よく》のことである。

自分に欲がないとは言えないけど、貪欲と呼ばれるほどではない、と誰もが思っている。

ほかならぬわたしもそうだ。

ところが、現実は本心をえぐり出すものだ。

二百万円が手に入れば三百万円欲しいと思い、三百万円入ればさらに五百万円、いっそ二倍の一千万円欲しいと思う。

これを数千円単位にすることで心理的ハードルを低くして商売にしているものが、パチンコだろう。玉が一箱溜《た》まれば、二箱溜めたくなる。そして、いつのまにかすっからかんになっている。

パチンコに限らない。射幸心《しゃこうしん》をあおるギャンブルはみなそうだ。土日の夕方、競馬場近くの駅にはうつろな目をした人々がぞろぞろと歩いている。

資本主義の目的は「利益の追求」だそうだ。ビジネスなどと洒落《しゃれ》たつもりで横文字を使っているが、仏の目から見れば貪欲にほかならない。

会社法人がたくさん儲《もう》かればたくさんの税金が国に入り、国民が楽になるはずなのだが、現実にはその図式通りではないことが、すでにはっきりしている。金がどこかに澱《よど》んで汚くなってしまっている。

貪欲は顔に出る。濁《にご》った表情になる。そういう顔の大人は少なくない。

赤ちゃんや幼な子はさっぱりとした顔をしている。欲に振り回されていないからだ。

怒りやすい人は考え方が狭い

二つ目の毒は「瞋恚《しんに》」と呼ばれる。

こんな難しい字、わたしは一度も書いたことがない。しかし、その意味するところはたまにする。すなわち、他人に怒《いか》りを表すこと。

怒《おこ》っても何も得るところなどない。むしろ悲しげにしたほうが相手がうろたえる。怒れば事柄が紛糾《ふんきゅう》するどころか、怒りは自分の心臓に多大な負担をかける。医学的にも心臓発作を多発するとされる。

怒るたびにみずからの寿命を縮めているわけだ。それが怒ることの代償だろうか。

怒ることによって人間関係は急速に悪化する。潮が引くように人が離れていく。せっかくの縁が破壊される。

しかし、怒っている本人は、自分は相手を叱《しか》っていると勘違いしていることが多いからやっかいだ。

怒りやすい人は料簡《りょうけん》が狭い。料簡が狭いとは、考え方が狭いということだ。

つまり、さまざまな観点から見ることができない。価値観の多様性を認めることができない。

あるいは、相手の行動の上《うわ》っ面《つら》しか目に入らない。そして、自分の判断こそ正しいという独善性をもっているため、頭ごなしに怒る。

怒りとは暴力である。自分の判断だけで人に暴力をふるう。したがって、この煩悩は非常に迷惑だと言わざるをえない。

「人が死ぬわけじゃなし」

怒りそうになったら、声に出してこう言えばいくらか効果がある。自分自身を「まあまあ」と抑制するわけだ。

ところが、怒るときはこんな方法もすっかり忘れているものだ。

おろかな言動はうとんじられる

三毒の三つ目は「愚痴《ぐち》」である。おろかさのことをいう。

正しく認識できない、正しく判断できないというおろかさを意味する。

このおろかさには、状況にそぐわないふるまいや、惑《まど》いの心から出てくる行いなども含まれる。

若いときにはおろかなことをしても、周囲の人がいろいろと注意をしてくれる。年齢を重ねるほど、誰も注意してくれなくなる。

だから、本人は気づかぬまま、延々《えんえん》とおろかな言動をくり返す。そして、周囲の人からうとんじられていくというわけだ。

最近の若者は年上の者を尊敬する気持ちがない、という意見があるようだ。しかし、若い人たちからすれば、さまざまな状況における年長者の言動をよく観察していて、彼らは尊敬するに値しないと見限《みかぎ》っているのかもしれない。

政治家を嫌悪《けんお》する風潮も、その一端である可能性は高いだろう。

心を覆う五つの煩悩

ところで、ブッダ自身が、これらを「三毒」と特別に指定したわけではない。後代の僧たちが学問的にまとめたものである。

また、この三つの煩悩は「三垢《さんく》」とも呼ぶ。

体につく垢《あか》のように、生きている限りは人について回る煩悩だからである。
ブッダ自身、心を覆《おお》う煩悩をことさらに取り上げている場合もある。

五つの蓋《おお》いを捨て、悩みなく、疑惑を超え、苦悩の矢を抜き去られた修行者は、この世と、かの世をともに捨て去る。

ここで言われている「五つの蓋い」が心を覆う五つの煩悩のことである。

むさぼり
怒り
鬱屈《うっくつ》、ふさぎこみ
落ち着かずにそわそわすること
疑心暗鬼《ぎしんあんき》やためらい

心を覆うから「蓋《ふた》」の字を用いているのだろうが、視覚的な表現でおもしろい。

これら五つの煩悩をじっと見ていると、病める現代の少年少女の姿が浮かんではこないだろうか。

欲望の制御ができず、欲しい物が手に入らないと周囲に対していらだち、そのくせ些細《ささい》なことで失敗を味わうとふさぎこんで部屋に閉じこもり、仕事についても落ち着かず、確固たる自信がないためにあらゆることを疑い、いつまでも行動に踏みきれない。

まさに煩悩の荒波、暴風雨である。

しかし、彼らからすれば、この世の中こそ複雑怪奇な煩悩に満ちている得体《えたい》の知れない怪物のように見えているのかもしれない。

確かに、そういう世の中だ。戦争、殺人、虚偽、腐敗……。新聞やニュースを見ているだけで暗澹《あんたん》とした気持ちになる。

そうであっても、物事がどう見えるかは、やはり自分の心のあり方が強く作用する。

『法句経《ほっくぎょう》』の最初にこういう言葉がある。

物事は心にもとづき、心を主《あるじ》とし、心によってつくりだされる。

これは物事の本質が基本的に「空」であることを意味している。同時に、各人の心のあり方が、その各人に見える物事となっているということをも示唆《しさ》している。

つまり、煩悩に悩まされている人は物事のせいにして嘆いているわけだが、その悪い物事とは、まさしく自分の心の現れなのだということだ。

犬は飼い主に似るという。だらしのない犬ならば、飼い主がだらしがないのである。自分の心は、実は少しも秘められてはいない。身のまわりにたくさんある鏡に映っているのである。

さて、さきほどの言葉でブッダは、「心を覆う煩悩を捨てた者は、この世とあの世をも捨て去る」と述べている。これはどういうことか。

この世を捨てる、すなわち、妄想《もうそう》と煩悩で練り上げられた世間にしたがうようにはならないということだ。

あの世を捨てる。しょせんは煩悩がつくり上げたにすぎないあの世が実在するとは、もはや考えないということだ。ここでわかるのは、ブッダはあの世、すなわち死後の世界など妄想の一つにすぎないと明確に断じていることだ。

すると、残るのは何か。今ここにある現実である。
だから、現実を生きるしかない。現実を大切にするしかないのである。

悟れば煩悩にわずらわされなくなる

煩悩の数は百八つ？

大晦日《おおみそか》の深夜、除夜《じょや》の鐘《かね》が響く。ていねいに撞《つ》かれる一つひとつの音色《ねいろ》が夜を優しく渡って体に染みてくる。日本の風物詩の一つだ。

毎年のように聞くのだが、飽きない。もう一年経ったかと少し腹立たしくも思い、またかとも思うのだが、除夜の鐘が聞こえないと、どうも大晦日という感じがしないから不思議なものだ。

ちょっと雪でもちらついてくれると、いよいよ風情《ふぜい》が増す。

人間の煩悩の数だけ百八つ打ち鳴らされるのだと、毎年のように思う。そして、気にしないようにするのだが、最初の二つ、三つで今年なした悪さを思い出したりする。四つ、五つ目あたりになると、もうそんなことは考えていない。窓の外を眺めたりする。

それからやおら腰を上げ、中途半端になっていた掃除《そうじ》の続きをしたりする。

除夜の鐘を撞くという習わしは、日本古来のものではない。中国仏教のまね事である。

百八という数字にしても、厳密に煩悩を数えたものではない。煩悩というものは、たいへん多いということを表しているにすぎない。八万四千の煩悩ともいう。もちろんこれも中国式の誇張表現だ。

それほどに多い煩悩を大きく二つに分け、仏教の真理に迷うものを「見惑《けんわく》」、現象の事物にとらわれて迷うものを「修惑《しゅわく》」と呼ぶ。

要するに、人間が迷い惑《まど》うこと、思い悩むことがすべて煩悩だ。

煩悩を客観的に見る

「煩悩がなくならんうちは、悟りなんぞはまだまだじゃ」

これは嘘《うそ》である。

悟ったとしても、煩悩は自然と生まれてくる。

しかし一方では、悟れば煩悩がなくなるともいう。どちらが本当なのか。

両方とも本当である。悟っても煩悩は依然として生まれてくるけれど、その煩悩にいちいち煩《わずら》わされないようになるのである。

たとえば、今夜あたり一杯飲みたいなあという煩悩が生まれてきたとしよう。病的に酒好きの人はいったんそう思うと、昼過ぎあたりから夕方の酒のことが気にかかってしかたなくなる。

つい仕事もそこそこになったり、今日しなければならない雑務を明日に延ばしたりする。酒をうまく飲むために、午後からできるだけ水分をとらないようにする人もいる。

こうして、心も行いも飲酒にかかずらうようになってしまう。煩悩に振り回されてしまっているのである。結果、しなければならぬことがおざなりになる。思いが酒にばかり向いているから、人との約束を忘れたりする。

道元《どうげん》の始めた曹洞《そうとう》宗のような禅宗では、そのときの一事に専念することを求められる。徹底して一事に集中するのである。それがとりもなおさず真摯《しんし》に生きることだからだ。すると、一事専念が身につく。

人間は機械ではないから、心がある。頭脳が勝手に考えたりする。だから、一事に集中していても、なお夕方のことや明日のことが思い浮かんでくる。不意に心配事を思い出したりもする。

生きている人間である限り、どんなに修行しても、煩悩のいっさいが完全に払拭《ふっしょく》されてしまうことはない。

けれども、煩悩によって邪魔されることはなくなる。煩悩のために、現在かかわっている事柄がおろそかになることはない。

なぜか。煩悩が顔を出してきても、それをあたかも自分から離れた他人事《ひとごと》のように見ることができるからなのだ。

夕方になったら飲み屋に行きたいなあ……。そういう煩悩がわいているのは自分の心ではあるのだが、客観的に眺《なが》めていられるのである。

「ああ、またそんなこと考えてんのか」

といった感じである。

煩悩が自分の胸元にどーんっと入ってきて、かき回したりなどしない。煩悩が心の外側にある。だから、心は動かない。煩わされない、邪魔されない。

そのうち、相手にされなかった煩悩は薄くなって、いつしか消えているのである。

これが、煩悩があるのに煩悩がない状態である。

煩悩がない状態を「ニルバーナ」と呼び、これがすなわち「涅槃《ねはん》」である。

「縁起」と「空」を悟れば軽々と生きられる

「縁起《えんぎ》」と「空」という仏教の真理を知らない無明《むみょう》の状態にあったときは、小さな煩悩によって、わたしたちの心は占領されてしまっている。

どうしよう、どうすればいいんだとくよくよし、迷い、眠れなくなったり感情的になったりしていたわけだ。

しかし、世のいっさいが「縁起」と「空」から成り立っていることを悟れば、煩悩が他人の部屋のゴミのようなものになってしまうというわけだ。というのも、煩悩のからくり、すなわち、かかわらない以上は何もないのと同じだと分かっているからである。

したがって、かつての無明から脱したこの状態は、明かりがついてさまざまなものがはっきりと見え、何をどうすれば対処できるか、明瞭に分かっている状態のようなものだと言っていいだろう。

これまでは暗かった。だから、どう対処すればいいか分からない。それが、明るくない状態、無明《むみょう》だったわけである。

とはいっても、仏教の真理を知ったからといって、たとえば右耳が聞こえにくくなった、などという事実そのものが消え去るわけではない。

けれども、以前は肢体《したい》のこの不自由さに悩んで嘆いていたけれども、今ではその不自由さを引き受けて生きていくという姿勢になることができるのである。不自由さが心を煩わさないからである。

世間の価値観や会社の方針に沿い、人並みに生きようとする限り、煩悩はつきない。そして、いつまで経っても不満が多いものだ。それは、すべて揃《そろ》っていなければ満足できないし、何事もできないと駄々をこねているようなものではないだろうか。

「縁起」と「空」を悟って生きるとは、そのような泥沼からさっぱりと出て、何にもおもねることなく、煩わされることなく、今のこの自分の人生を全力で生きるということにほかならない。

一度限りの人生、眉間《みけん》に皺《しわ》を寄せて苦しんで生きるよりも、さっぱりと軽々と生きていくほうが楽ちんなのは明らかである。

死後のことより、現世で悟ることが重要だ

「死後はあるか」という問いへのブッダの答え

死んだらどうなるのか。

三途《さんず》の川は本当にあるのか。死後の世界はどういうところか。

あの世で祖先や先に死んだ者たちと必ず会えるのか。

仏さまは本当に迎えにきてくれるのか。死後は守護霊となって孫や子どもたちを見守っていくことができるのか。

あの世についてのこのような疑問に明確に答えてくれるのは、新興疑似宗教だろう。どのように答えたとしても、あとから文句がこないのがはっきりしているからだ。嘘をついてもばれないのである。

死後の問題は、昔から世界各地で疑問となっているものだ。

たとえば紀元前数百年のギリシアでは、坂を下っていくと黄泉《よみ》の国に達するとされていた。あの世は地の底にあると想像されていたのである。これはくしくも神道《しんとう》が考えた黄泉の国への道とそっくりである。

ブッダも弟子から同じような質問をされている。

最初の質問は「人は死後も存在するか、否か」というものだった。

この質問への答えをブッダは捨てておいたのだが、弟子は執拗《しつよう》に食い下がった。そこでブッダはしかたなく、次のように返答した。

ある青年が毒矢に射《い》られたとしよう。すると、連れの青年が医者を呼んで治療を頼もうとした。ところが、矢の刺さった青年がこう言った。

「その前に、この毒矢がどこから飛んできたか知りたい。どんな素姓《すじょう》のどんな名前の、どのくらいの年齢の人がこの矢を放ったのか知りたい。また、この矢の材質が何であるか、毒の材料がどんなものなのか、それらがはっきりするまで矢を抜いてはならない」

そして、この青年は体に毒が回って死んでしまった。

死後がどんなだろうと聞きたがるのは、この青年の疑問とまったく同じではないか。

その間に、この世で修めるべきことがおろそかになって、何も得ることなく、ついには死んでしまうではないか。

まずしなければならないのは、死後がどうであるかを知ることよりも、この現世で悟りを得ることではないか。

ブッダはこの現実を最重要視した答えを与えたわけであった。

「悟り」とは精神的な自由を得ること

では、悟れば死後のことが分かるようになるのか。いや、悟ったとしても死後のことは依然として分からない。

しかし、死後のことが気になってしかたがないという思いはなくなる。

もはや死後のことなど、まったく眼中にはない。つまり、死後のことをあれこれと想像していたのは、煩悩の一つにすぎなかったわけである。

そういうゴミみたいなものがさっぱり洗い落とされ、ただ今の大切さ、ありがたさを知って、死後や行く末のことなどくよくよ考えなくてもすむ楽な気持ちで生きられるようになるだけなのである。

それは澄みきった世界であり、独特の境地である、とこういうふうにいえば、いかにももっともらしく聞こえるだろう。

むしろ、一種の精神的な自由の広がりを得ることに似ているといえるかもしれない。

その感じが禅宗の名著『無門関《むもんかん》』ではこう表現されている。

「自然と自分と世界の区別がなくなって一つになり、唖《おし》の人が夢を見たようなもので、ただ自分ひとりで噛《か》みしめるよりほかはない。……この生死の世界の真っ只中で大自在《だいじざい》を得、迷いと苦しみの中で遊戯三昧《ゆげざんまい》の毎日ということになるのだ」

そして、これが仏教の「救い」なのである。

「縁起」を悟ることが「救い」

「救い」というと、奇跡のようなことが起きたり、病気が治ったりするようなことを想像する。しかし、何かがガラリと変わる前に、自分の心の向きが変わるのがふつうである。

自分の心が変わることによって体も変わり、周囲も変わる。総じて、その変化が具体的な救いとなるわけなのである。

たとえば、キリスト教では「敵をも愛しなさい」と教えている。これとて救いの一方法である。なぜならば、愛することによって相手はもはや敵でなくなるからだ。

敵のいる人生と敵でなくて愛する人のいる人生、どちらが楽しいか、結果は明らかだ。どっちの人生を生きるのか、決めるのは自分なのである。

「救い」という言葉は、語源的に「掬《すく》い」と同じである。水から何かをすくうときの掬いである。

今までは泥のたまった水底にいた。そこから掬われる（救われる）ためにはどうすればいいか。浮力をつければいい。

その浮力が、仏教においては縁起を悟ること、となる。

人生には限りがあるから時間的余裕などない。だから、ブッダはまずはもっとも重要なことから手をつけよといさめたのである。

「浄土」「彼岸」「仏国土」は比喩にすぎない

日本仏教における「入滅」の意味

日本語はやさしい言葉ではない。入門や入室の「入」は〝ニュウ〟と読むのに、仏像開眼《かいげん》を意味する入眼《じゅがん》や、入水自殺のときは「入」を〝ジュ〟と読む。では、入滅の場合は〝ニュウ〟か、〝ジュ〟か。これは〝ニュウメツ〟と読む。「入滅」とは一般に、お釈迦《しゃか》さまが亡くなることを意味する仏教用語である。大辞林では次のように説明されている。

《入滅》釈迦・菩薩《ぼさつ》・高僧などが死ぬこと。滅度《めつど》（涅槃）に入ること。

釈迦のほかに高僧の死にも、「入滅」が使われるというわけだ。では、ここに書いてある「滅度」と「涅槃」という言葉も同じ辞典で引いてみよう。

《滅度》①煩悩をすべて消滅させ、完全な悟りの状態を実現すること。涅槃。
②仏・菩薩、または高僧などが死ぬこと。

《涅槃》①あらゆる煩悩が消滅し、苦しみを離れた安らぎの境地。究極の理想の境地。悟りの世界。泥洹《ないおん》。ニルバーナ。寂滅《じゃくめつ》。
②死ぬこと。また、死。入寂《にゅうじゃく》。入滅。一般に釈迦の死をいう。

しかしこれは、日本仏教における「入滅」という言葉の意味なのである。そういう前提からすれば、誤りではない。けれども、仏教本来の考えからすれば、「入滅」は決して死を意味する言葉ではありえないのである。

「入滅」とは煩悩をなくすること

では、「入滅」とは本当はどういう意味か。

深い意味などない。たんに、煩悩が滅した状態のことを指す。「入滅」の「滅」は肉体の消滅を意味しているのではなく、煩悩が消滅することを指しているだけなのである。

したがって「入滅」も、その原語であるサンスクリット語の「ニルバーナ」も、本来は死とはまったく関係のない意味をもった言葉だということだ。

ところが、生きている限り煩悩はなくならない、だから死んだときにようやく煩悩がなくなる、ということから、「入滅」はすなわち「死」を意味するのだ、と考えてしまった人が多かったようなのである。

仏教の姿勢は常に、今ここに生きている者の苦しみを取り去るのが目的である。ブッダはくり返しそのことを強調した。

死んでしまえば煩悩もなくなるという考え方は、その点からいっても少しも仏教的ではないだろう。だから、今ここに生きている状態で、入滅、つまり煩悩をなくして安らぐ方法論を説くのが、仏教の本意なのである。

すでに別項でも説明したが、煩悩を滅する、煩悩をなくするというのは、頭に何の想念も妄想もわいてこないという意味ではない。

もし妄想がわいてきたとしても、それにとらわれたりしないことが「煩悩を滅する」ということなのである。

煩悩にとらわれなければ爽やかに生きられる

煩悩を滅するとは具体的にどういうことなのかを示す、有名な話が残されている。

昔、二人の若い僧AとBが旅をしていた。やがて、行く手に川が見えてきた。すると、こちら岸に旅姿の若い美しい女性が立ち往生している。

そこで、僧Aは親切心から彼女をおぶって川を渡った。僧Bは着物の裾《すそ》をたぐり上げると、並んで川を渡った。

やがて向こう岸に着くと、女性は礼を述べて立ち去っていった。

二人の僧は再び歩き始めたが、僧Bは何やら忿懣《ふんまん》を抱えているらしく、とうとう同僚の僧Aに文句を言い始めた。

「われわれは修行僧だぞ。戒律では女性に触れてはならぬとあるのに、きみはさっき女性をおぶったではないか。分かってるか、きみは戒律を破ったんだぞ」

それを聞いて僧Aは大笑いをして、こう言った。

「何だ、きみこそまだあの女性をおぶっているではないか」

僧Bは意味も分からず、ただぽかんとしているばかりであった。


この僧Bの気持ちも分からないではない。まだ青年だ。女性への興味は人一倍であろう。しかし、戒律で禁じられているために女性と交際することもできない。だから、旅姿の女をおぶった同僚へのやっかみもあったのだろう。

それはともかく、この話における僧Aこそが煩悩にとらわれない状態、入滅に達している人の態度なのである。僧Bは煩悩にとらわれている。

そのことを、僧Aは「きみこそまだあの女性をおぶっているではないか」という言い方で表現したのだった。

生きている限り、煩悩はつきることはない。数十年、坐禅に打ちこんできた僧ですら、煩悩をまったく滅却《めっきゃく》することなどできない。

しかし、それでもなお、さまざまな煩悩に対して、いちいちかかわらなくなるのが入滅している状態なのである。

煩悩にかかわるほど苦しみが増す。これは明らかだ。煩悩へのかかわりから離れてしまえば、心と体の苦しみは軽減される。

結果、さっぱりと爽《さわ》やかに生きられるというわけである。

仏教を知らなくても、そういう生き方をしている人はいる。そういう人こそ愚痴を言わないものだ。愚痴は口から溢《あふ》れてきた煩悩にほかならない。

「今だけを生きろ」がブッダの教え

ブッダは幾度もこう述べている。

過去にあったもの（煩悩）を涸渇《こかつ》せしめよ。未来には汝《なんじ》に何ものも有らぬようにせよ。中間においても、汝が何ものにも執《しっ》しないならば、汝はやすらかにふるまう人となるであろう。

名称と形態に対する貪《むさぼ》りをまったく離れた人には、諸々の煩悩は存在しない。だから、かれは死に支配されるおそれがない。

ブッダは過去に起きた事柄から生じている煩悩から離れよ、とだけ述べているわけではない。未来についても、何ものもないようにせよ、と述べている。

明日あさってに起きるだろう事柄について、安易な想像をして心を乱すな、と述べている。つまり、徹底して今だけを生きろと言っているわけである。

形態への貪りからも離れろと言う。

これは、たとえば「あの人は顔が意地悪そうだから嫌いだ」といった感情をも捨てるということだ。そうなれば、死はみんなとの別れだから辛《つら》いだろうなあ、とも考えなくなるわけである。

こういった姿勢は仏教知識の基本だったはずだ。しかし、基本すら実際には広く正しく伝えられてこなかった。

その結果が、「入滅」＝「死」、「涅槃」＝「死」、という大きな誤解だったわけである。

「極楽浄土」とは煩悩から離れた状態の比喩

「浄土」「彼岸《ひがん》」「仏国土《ぶっこくど》」という概念も誤解されたままである。「浄土」はいわば極楽、「彼岸」はあの世、「仏国土」は仏や菩薩がいる理想郷だと勝手に想像されているようなのだ。

また、書店に並ぶ一般向けの仏教紹介書では、「極楽には五百億もの宮殿や楼閣《ろうかく》がそびえている……あたりは見渡す限りきらびやかな宝石だらけで……」などと臆面《おくめん》もなく説明されているのが現状である。

本当に極楽というものがあるのか、ブッダは述べてはいない。死後のことについて、歴史上のブッダは何も述べていないのである。これを仏教用語で「無記《むき》」という。

あの世について述べていないばかりか、ブッダは当時のインドで霊魂の実体とされていた「アートマン」の存在をも否定したのだから、死後の霊的生をも認めてはいないと考えるのが妥当であろう。

そのような基本が前提となってこそ、次のようなブッダの言葉は誰にも明確に理解されることになる。

この無明とは大いなる迷いであり、それによって永いあいだこのように輪廻《りんね》してきた。しかし明知《めいち》に達した生けるものどもは、再び迷いの生存に戻ることがない。

ブッダの悟りに関する言説と縁の思想を真だと信じるのが仏教なのだから、本当の仏教者ならば、極楽浄土や地獄が死後に存在すると考えるべきではないだろう。

では、「浄土」「彼岸」「仏国土」とはいったい何なのか。

それは仏の世界のことだ。仏の世界とは、「縁」という関係性で世界を見ることによって「空」を知り、ついに煩悩から離れた自分自身の心の状態のことである。

すなわち、「浄土」も「彼岸」も「仏国土」も、完全に仏教思想で世界を見るようになった心の平穏な状態の比喩《ひゆ》だということなのだ。

比喩に用いられた概念をあたかも事実のように考える、それこそ仏教者がもっとも嫌って捨てるべき「妄想《もうそう》」であろう。

＊

さて、ここに引用したブッダの言葉に、「永いあいだこのように輪廻してきた」というふうに、「輪廻」という語が使われている。このことをもって、ブッダは死後に輪廻があると考えていたと見るべきなのだろうか。

そうである可能性はかなり低い。というのも、ブッダの思想の論理を追ってみると、輪廻は当然のように否定されるからである。したがって、「輪廻」とは気持ちの変転の比喩だと見るべきであろう。

しかし、なぜ輪廻が否定されるのかを説明しておく必要があるだろう。そこで、本書の第六章で輪廻について記した。輪廻が気になる人は、そこを参考にしていただきたい。

ブッダの言葉を誤解しないために

わたしたちは「頭に来た」という言い方をすることがある。これはおおむね「怒ったぞ」という意味だ。どこからか何かが来て頭に到着したという報告の表現ではない。

では、「死ぬほどおなかがすいた」という言い方はどうだろう。死に瀕しているからすぐに病院に搬入されるべきだという意味ではない。本当に今すぐ何かを食べなければ絶命するという意味でもない。たんなる空腹を訴える表現だ。

つまり、言葉の表現においてわたしたちはさまざまな比喩《ひゆ》や暗喩《あんゆ》を使っている。比喩というのはだいたい、「何々のようだ」か「何々みたいだ」という言い方をする。暗喩のほうは、この「のよう」をすっかりはぶき、「何々だ」と断定的な言い方をする。たとえば、「ガラスの心」「鉄の意志」「時は金なり」「人生は旅だ」という言い方は比喩ではなく、暗喩である。

キリスト教の聖書においても、イスラム教の『コーラン』や『ハディース』においても、仏典においても、その文章にはたくさんの比喩と暗喩が使われている。

そのことをあらかじめ踏まえて読むことをしないと、死後には天国、煉獄《れんごく》、地獄が待っていて、特にイスラム教の天国では処女が殉教《じゅんきょう》者と結婚し、この世の終わりにはハルマゲドン（最終戦争）が起こり、死者たちは墓から蘇り、天使があちこちに飛びまわり、悪魔が墜落するというカオスに満ちた幻想怪奇の世界が世界の聖典に書かれていることになる。

だから、暗喩として読まずに、字句通りに意味を汲むような読み方をすると、あらゆる聖典はばかばかしいものとなる。しかし、オカルト好きのオタクのようにそういう読み方をする人は決して少なくはないのである。

もちろんブッダもまた、暗喩を多用した。『悪魔との対話』には次のような一文がある。
「信《まこと》は、この世において人の最高の財である。（…中略…）真実は、実に諸々の飲料のうちでも、すぐれ甘美なるものである」

次の暗喩はどちらも『ブッダのことば』からである。
「怠《おこた》りは塵垢《ちりあか》である。怠りに従って塵垢がつもる。つとめはげむことによって、また明知によって、自分にささった矢を抜け」（三三四）
「衣服と、施《ほどこ》された食物と、（病人のための）物品と坐臥《ざが》の所、――これらのものに対して欲を起こしてはならない。再び世にもどってくるな」（三三九）

この最初の引用にある「自分にささった矢を抜け」というのは文章全体が暗喩になっているとわかるだろう。

次の「再び世にもどってくるな」もまた一文全体が暗喩である。そうなのに、「これはブッダがあの世の実在を考えていた証拠だ」などと勘ぐってはならない。「世」とは、かつての習慣とか、かつての自分の生き方という意味だからだ。

だいたいにして、どの宗教の聖典であろうとも、内容的に難しいことは書かれていない。

ただ、その表現、特に暗喩が現代人にとってなじみがないものが多いだけなのだ。また、古代の習慣や常識にしたがって書かれているから、すぐに理解しがたいのも当たり前だろう。

昔、ある年配の男性がこう言っていたのを聞いた。

「ふつう、チエは知恵とか智恵と書く。しかしね、ブッダのチエは別だ。エが恵じゃなくて、慧という字を書くんだ。これはね、特別な智慧なんだよ」

もちろん、そんなことはない。知恵も智慧も同じだ。ブッダを何か特別な存在のように仰ぎたいから、瑣末《さまつ》で無意味なことにこだわりたいのだろう。

イエスの教えもブッダの教えも、その基本は変わらない。あらゆる表現とたとえ話で教えられているのは、倫理と生き方なのだ。聖典で魔法や奇蹟のように描写されているのはすべて暗喩の表現なのである。

その表現に不必要にこだわってしまうと、教えの真意が理解できないまま、不可思議な神秘が増殖していくだけになる。

現世を涅槃にしてさっぱりと生きる

こだわりをもたずに生きる

今はこだわることがブームなのだろう。こだわりの料理とか、こだわりの何とかというネーミングが多い。何か特定の物や事柄にこだわりをもつことが、流行に乗った美学だとされているのかもしれない。

ブッダが勧める生き方は、これとは正反対である。何にもこだわりをもたないことこそ、苦しみを捨て、心を安楽にして生きることになるからだ。ブッダはこう言った。

（真の）バラモンは、（煩悩の）範囲を乗り越えている。彼が何ものかを知り、あるいは見ても、執着することがない。彼は欲を貪ることなく、また離欲《りよく》を貪ることもない。彼は〈この世ではこれが最上のものである〉と固執《こしつ》することもない。

仏道をいく人として欲を貪ることがないのは当たり前だが、ここには「離欲を貪ることもない」ともある。

欲望を離れることに執着したり、そのために頑張っていきおい生活態度を無理に変えてしまったりすることもないというのである。

たとえば、自分が煙草《たばこ》をやめたとしても、禁煙が一種の固執になったり、他人の喫煙を高みから責めたりすれば、それは離欲を貪ることになるわけだ。

また、自分が実践しているこの健康法が最上だと他人に押しつけるようなことも、一種の固執である。一般の目から見ても、それは自己中心的な態度であろう。

執着しない人は気持ちがいい

同じ主旨のことをブッダは何度も説いている。

邪悪を掃《はら》い除いた人は、見たり学んだり思索したどんなことでも、特に執着して考えることがない。彼は、他のものによって清らかになろうとは望まない。彼は貪らず、また嫌うこともない。

ブッダはもっと具体的にも述べている。どのような人が安らかな人なのかと尋ねられたときに、ブッダが答えた一部である。

……偽《いつわ》ることなく、貪り求めることなく、慳《ものおし》みせず、傲慢《ごうまん》にならず、嫌われず、両舌《かげぐち》を事としない。

……快いものに耽溺《たんでき》せず、また高慢にならず、柔和《にゅうわ》で、弁舌《べんぜつ》さわやかに、

……利益を欲して学ぶのではない。利益がなかったとしても、怒ることがない。妄《もう》執《しゅう》のために他人に逆らうことがなく、美味に耽溺することもない。

美味に耽溺するのも煩悩への執着なのだから、魯山人《ろさんじん》みたいなこだわりの美食家はいけないということだ。

けれども、味覚に敏感なのがいけないということではない。手のこんだ料理も粗食も、

どちらもありがたくいただくのが涅槃的な食事というものだろう。まずささえも個性的な味として楽しめれば、美食云々《うんぬん》というこだわりはなくなる。

食事や嗜好品《しこうひん》はもちろん、とにかく何に関しても執着しないのだから、それは闊達自在《かったつじざい》ということだ。

そういう人のそばにいると、気詰まりな感じがしないものだ。何だか分からないが、さっぱりした感じがする。清潔感がある。何だか晴ればれとする。

ふつう、利害関係で人は集まったり離れたりする。だから、有名人や経営者は知己《ちき》を多くもっている。

しかし、この人のそばにいても利得がないなと分かれば、人は離れていく。昔の有名人が今は淋《さび》しく暮らしていたりする。

しかし、現世を涅槃にしてさっぱりと生きている人には利害がない。気分のよさだけが伝わってくる。すると、黙ってお茶を飲んでいるだけでも気持ちがいいものだ。

そういう人がたくさん増えれば、世の中はどんなに変わることだろうか。

知っているようで知らない仏教用語⑤

「平等」の精神は仏教から

「平等」という言葉はいかにも現代の政治用語のように思えますが、実は、仏教の言葉からきています。ブッダが「四姓平等《ししょう》」を唱《とな》えたのです。

「四姓」とは古代インドの階級制度で、その順位は僧侶・王族・庶民《しょみん》・奴隷《どれい》というものでした。そんな時代に平等を唱えたのは勇気あることでした。

中国の漢字にはもともとこの字はなかったのですが、仏教が伝わってから「平等」の概念と漢語ができたのです。

この「平等」という用語は経典にも多用され、たとえば『涅槃経《ねはんぎょう》』にも「悉皆平等《しっかい》」とあり、これは「みなことごとく平等」という意味です。それは社会的に平等という意味ではなく、階級に関係なくみんなが仏になりうる可能性をもっているということです。

ちなみに、『聖書』には「神は善人の上にも悪人の上にも雨を降らせる」と書かれており、これもまた神の平等を表現したものです。

インドには、今でも旧態依然《きゅうたいいぜん》としたカースト制度が残っています。その階層は大きく分けても三千に達するといいます。それは西洋的観念から見れば不平等な制度なのですが、輪廻転生《りんねてんしょう》を信じるヒンズー教徒たちにとっては、自分の血統が背負ってきたカーストが職業の伝承として当たり前になっているのも事実です。

知っているようで知らない仏教用語⑥

心が無事であってこそ本当の「無事」

「無事に帰ってきなさい」

「きょうも無事に過ごすことができた」

現代においてこのように用いる場合、「無事」とは事故などに遭遇《そうぐう》せず、病気にもならず、身の上に何も悪いことが起きないという意味です。「無事」とは肉体上の健全さを指しているわけです。

しかし、「無事」という言葉の本当の意味は、心に何のわだかまりもない状態のことです。したがって、無事であっても、心に憎しみなどがあれば、本来の無事ではないということになるわけです。

お金もちの家は戸締まりを厳重にし、防犯ビデオを設置したり、警備会社と契約を結んでいたりしますが、お金も安全策も無事を保証するものではありません。

お金もちでなくても、病気であっても、不自由さがあっても、心がそのことにとらわれず、くよくよしていなければ、無事でいることができるのです。

仏教では、このように心がどういう状態であるのかを重視します。心が平穏であれば、外がどのような状態であろうとも平穏でいられるからです。

そういう心になるために、仏教では「空」を教えるわけです。

いっさいが「空」であると見ることができたときに、心はもはや騒がず、沈みもせず、ただあるがままを肯定していく静けさに達するようになるのです。

仏像から感じられる静寂《せいじゃく》、澄明《ちょうめい》さ、動じぬさまは、いっさいを「空」と感じる無事な人の姿なのです。

第四章
仏教の説く愛と慈悲

愛に隠されている苦しみ

愛が憎しみに変わるとき

『法句経《ほっくぎょう》』に、

愛する人に会ってはならない。愛せない人に会ってもならない。愛する人に会えないのは苦しみであり、愛せない人を見るのもまた苦しみである。

という言葉がある。

これだけを読むと、何と尻ごみした消極的な考えだろうと思ってしまいがちだ。愛する人にまた会えないことになるのは辛《つら》くなるから、最初からそういう人に会うなというのだから。

しかし、誰を愛するかなど、最初の出会いで分かるものではない。だいたいにして、人生における出会いなど、ほとんどが偶然ではないだろうか。

わたしのこれまでの人生もそうだ。節目節目で不思議な偶然が起きている。その偶然が全部つながってストーリーのようになっているのも、また不可思議である。しかしこれは、頭の中で記憶の編集を行なっているからだと思う。

ところで、愛する人に会うなといっても、そんなことを実際にコントロールするなど、実際にはほぼ不可能だろう。初対面でいやなやつと思っていた人間を、やがて愛することもある。

何がどう転ぶか分からないのがこの人生だ。

そこまで考えなくても、こういう箴言《しんげん》に賛成する若い人は、ほとんどいないだろう。若い人にとって、誰かを愛することは大きな楽しみの一つだからだ。また、彼らが経験を深め、成長していくステップでもある。

恋愛をして、やがて結婚し、幸せな家庭を築く。これは多くの女性の夢である。彼女らが好んで見るドラマや雑誌のテーマのほとんどが、この夢に関したものである。それは自然なことだ。

しかし、失恋するときもある。恋が結婚として成就《じょうじゅ》するよりも、失恋のほうがはるかに多いものだ。たくさん愛して、たくさんの事情が出てきて、たくさんの人と辛い別れをする。すると、演歌の歌詞ではないけれど、「二度と恋などしたくないわ」となるわけだ。

しかし、そういう辛い目にあうことがあるからという理由で、「愛する人に会ってはならない」と、わざわざ経典に書かれているわけではない。その程度だったら、感情の損得計算にすぎない。

そうではなく、愛の中に含まれている愛着や渇愛《かつあい》を避けよ、と教えているのである。愛はいつのまにか、愛着や執着《しゅうちゃく》に変わる場合がある。これらがさまざまな苦しみをつくるものだから避けなさい、と勧めているわけだ。

相手を純粋に愛していると自分では思っているかもしれないが、いつしか相手への依頼心ばかりが増幅していることもある。生き方すらも相手にゆだねてしまう人もいる。

そういう状況は愛憎《あいぞう》の素地《そじ》をつくる。いったん関係がこじれたりすると、ひっくり返って憎しみが顔を出してくる。愛の腐敗である。

『四谷《よつや》怪談』のお岩さんも、相手を愛するあまりに幽霊になってしまったのであった。

愛する相手は自分のものではない

現代的な犯罪とされるストーカー行為も、歪《ゆが》んだ愛着の現れであろう。相手がいやがっているのに、尾行をしたり、つきまとったりする。

現代の法律では、加害者と被害者というふうにはっきりと二分して考えがちなのだが、実はストーカーをされるほうはもちろん、ストーカーをしているほうも相当な苦しみにもがいている。

ストーカーは決して陰気な楽しみではない。やはり、それは苦しみなのである。自分の中にいつのまにか生まれた飽くなき執着という衝動に押されて、どうにもこうにも抑制がきかない状態になっているからである。

こういう葛藤《かっとう》と混乱した心理は、物を集める、何かをコレクションしたことがある人は、よく分かるのではないだろうか。

欲しい物がなかなか手に入らないときの苦しみは、相当なものだからだ。また、手に入れたとしても、それが汚れたり傷ついたり、あるいは盗まれたりしたときの苦悶《くもん》もひどいものである。

もっと身近な歪んだ愛着の例では、親の、子に対する過干渉《かかんしょう》や過保護がある。親は自分では子を愛していると思いこんでいる。ところが、子のほうは窒息《ちっそく》しかけているのだ。ややもすれば、精神がおかしくなる。

自分の地位や名誉に恋々《れんれん》とするのも苦しみを生む。土地に愛着したり、血統に愛着したり、学歴に固執《こしつ》したり、独りよがりな考えや思想を正しいと狂信したり、民族や国家に執着したり、まさに愛に似た執着の種はつきないものである。

中東でイスラエルとパレスチナが陰惨《いんさん》な戦争を続けているのも、互いにその地の歴史や民族に愛着してやまないからではないか。

そういうふうに変質するような愛ならば、遠ざけたほうがいいのである。

変質する愛とは、相手や物をいつのまにか自分のものと思いこむような愛着である。

相手を自分の所有物だと誤解しているからこそ、ためらいもなく暴力が振るえるのだ。簡単に捨てたり、取り替えたりできると思っているのである。

自分のものならば、どんなふうに扱ってもいいという、根本的な誤謬《ごびゅう》がそこにある。

最近の若者は女子であっても、

「カレシをゲットしちゃった」

などと言う。どこかで彼氏を拾ったようなもの言いである。

それでも本当に愛するのならいいのだが、簡単に交際できる相手とはしばしば簡単に別れてしまうものである。

もちろん、大人だって似たようなことをしているわけだ。愛や恋が、心と体を用いる玩《がん》具《ぐ》であるかのように誤解している。

人間を尊重せず、自分の所有物のように扱うことがいかに本物の愛を遠ざけているかということは、フランスの哲学者マルセルも主張していることである。

しかし、心を冷たくして、誰をもまったく見放せ、と仏教で教えているわけではない。非情になるのはさらによくないことだ。では、どうするのか。

心を配るのである。丁重に接する。相手に親切にする。

べたべたするだけが愛ではない。爽《さわ》やかな愛もある。相手を自分のものと思いこむことのない開放的な愛。ちゃんと尊敬を含んだ愛。

ブッダは、そういう人間関係を目指していたと思う。

行為が人間を形づくる

人の口から出る言葉の重さ

その花は美しいか、美しくないか。

この問いに、誰も正確には答えられない。なぜならば、美しさはその花に付随《ふずい》している何らかの要素ではなく、花を見る人の感性の働きだからである。

心が何か他の事柄にとらわれていれば、花に美しさを見る余裕もなくなるものだ。

これを言いかえれば、心がどこに向いているかによって、その人にとっての世界の意味が変わるということだ。

世界は自分が見ているまま、他人にも見えているわけではない。

もちろん、心だけが世界の見え方にかかわっているわけではない。思いと同様に、自分がなした行為は、よりいっそう強く世界に影響を及ぼすし、その前に自分が何者であるかを明白に語るものでもあろう。
ブッダはこう述べている。

行為によって農夫となるのである。行為によって職人となるのである。行為によって商人となるのである。行為によって傭《やと》い人《にん》となるのである。行為によって盗賊ともなり、行為によって武士ともなるのである。行為によって司祭者となり、行為によって王ともなる。
……世の中は行為によって成り立ち、人々は行為によって成り立つ。生きとし生ける者は業《ごう》（行為）に束縛《そくばく》されている。——進み行く車が轄《くさび》に結ばれているように。

ブッダがこれだけ執拗《しつよう》に述べる行為の重さの中には、言葉も含まれている。人の口から発せられる言葉がいかに大きな行為であるか、次のように述べている。

人が生まれたときには、実に口の中には斧《おの》が生じている。愚者は悪口を言って、その斧によって自分を斬《き》り割《さ》くのである。

毀《そし》るべき人を誉め、また誉むべき人を毀る者——かれは口によって禍《わざわい》をかさね、その禍のゆえに福楽を受けることができない。

興味深いことに、『聖書』の中でイエズスも似たようなことを言っている。

口は心に満ちたものを語る。……人は自分の言葉によって義とされ、また自分の言葉によって罪とされる。

良い人はその心の良い倉から良いものを出し、悪い人は悪い倉から悪いものを出します。なぜなら人の口は、心に満ちているものを話すからです。

愚痴は口から出る毒である

仏教における「愚痴《ぐち》」は愚《おろ》かさ一般のことだが、わたしたちが日常でふつうに言う愚痴もまた愚かなことだから、愚痴を言う人はうとんじられる。

そしりに挙げている第三者の欠点や不道徳さをいかに強調して言おうとも、聞く人はそういうふうに愚痴を言っている人をこそ嫌う。なぜならば、愚痴こそまさしく口から出る毒だからなのだ。

愚痴はたんなる愚痴にはとどまらない。それはまさしく暴力のような行為となって、周囲を刀で傷つける働きをもっている。

心理学でも、親が「叱《しか》る」のではなく「怒る」のであれば、子どもの心に深い傷を与えると結論づけている。同様に、一般の対人関係においても、言葉というものは行いと同じ重みをもって作用する。

言葉と行為が人間を決定づけているから、「善《よ》いことばを語れ」というブッダの教えは、仏教を超えて人生上の真理といって過言ではないだろう。

最上の善いことばを語れ、これが第一である。正しい理《ことわり》を語れ、理に反することを語るな、これが第二である。好ましいことばを語れ、好ましからぬことばを語るな、これが第三である。真実を語れ、偽《いつわ》りを語るな、これが第四である。

自分を苦しめず、また他人を害しないことばのみを語れ。

……安らぎに達するために、苦しみを終滅させるために、仏の説きたもう穏やかなことばは、実に諸々のことばのうちで最上のものである。

心を隠しているつもりでも……

言葉は力ある行為の一つであるから、自分の言葉によって自分を苦しめることすらある。もちろん、他人を害する言葉も禁じられる。それは剣《つるぎ》に等しいものだからだ。

思い出してみてほしい。乱暴な人間は乱暴な言葉づかいをし、乱暴な振る舞いをするものだ。優しい人は落ちついた言葉を使う。

詐欺師《さぎし》は優しい言葉を上手に使うかもしれない。だが、その振る舞いはやはり卑怯《ひきょう》な暴力にすぎない。そのアンバランスに気づかない人が、詐欺に引っかかるわけだ。

なぜアンバランスに気づかないのか。自分が口にする言葉と行いが、いつも不安定でアンバランスなことが多いからではないだろうか。

街頭でのキャッチ商法などの組織的詐欺師たちが狙うのは、視線が定まらず目的もなさそうにふらふらと街を歩いている人だという。そういう人たちは引っかかりやすい。彼らが何のよりどころも信ずるところもなく漫然と生きていることが、その歩き方に出てしまっているからであろう。

みんな自分の心を隠しているように思っているけれども、本当は心はちっとも隠れてはいない。態度、行い、言葉、表情、動きにあらわになっているものなのだ。そこを詐欺師たちは見抜いて、欺瞞《ぎまん》的な商売をしているわけだ。

詐欺師が巧みなのではなく、こっちが鈍くなっているから引っかかるわけで、自分が真っすぐに生きてさえいれば、相手が曲がっていることを簡単に感知できるものだ。

真っすぐに愛する

相手を愛する場合であっても、詐欺師とだまされる人のような関係であってはならないのはもちろんだ。つまり、偽りの言葉で相手をだましてはならない。真っすぐに愛さなければ、愛はまともに育っていかない。

それは別に「愛してるよ」とくどく言うことではない。真っすぐに愛しているならば、怒りをぶつけたりしないものだ。疑ったりしないし、ねたんだりもしない。気づかい、笑顔を与え、相手を信じるのである。

こういう態度は、何も身内や恋人に対してだけのものではない。誰に対しても差別なく向けなければならないものだ。それは、自分のこの生《せい》がみんなから与えられていることを深く知っていれば、容易にできる行いである。

誰から聞いたか忘れたが、一流の料亭で酒を飲んでつぶれてしまえば、気持ちがよくてつい長く寝てしまうということだった。なぜ気持ちよいかというと、畳《たたみ》に仰向《あおむ》けになっていると、踵《かかと》の下にすっと座布団を入れてくれるからだそうである。

経験のある男性は多いと思うが、畳の上であっても、うとうとしているとやがて踵が痛んで眠りを妨げられる。そこへ座布団を入れてくれる。すると痛みがふと消え、さらに眠りやすくなるのだ。それは料亭の気づかいである。

しかし、これは愛ではない。本当に愛があるならば、酔いつぶれるまで飲ませたりしない。あるいは、飲酒しなくても楽しめるようなつきあいをするはずだろう。料亭がそれでは立ち行かないから、細かいサービスで再びの来店を促《うなが》しているのである。

真っすぐ生きるのは、真っすぐに歩くようなものだ。視線を定め、悪いことをせず、悪い思いを抱かず、善く生きればいいだけである。そうすれば、心に曇《くも》りもできない。心に暴風雨が吹くこともない。

『スッタニパータ』を読むと、ブッダはうんざりするほどくり返し、真っすぐ生きること、善に向かうことの大切さを述べている。なぜならば、それこそこの人生を安楽に生きる処《しょ》方箋《ほうせん》の一つだからである。

慈悲の深さを体現した僧

深い人間愛に満ちたある僧の生き方

「慈悲《じひ》」という言葉は広く知られているものの、具体的にどういうものか、鎌倉時代に生きたある僧侶の例を紹介したい。

その人は、良観房忍性《りょうかんぼうにんしょう》という。

物乞いなどをして生きている賤民《せんみん》や、病人を救済する事業に励んだ叡尊《えいぞん》の弟子であった。

しかし、彼は師の叡尊をしのぐほどの社会慈善事業を行ったのである。

そのことが渡辺照宏氏の『日本の仏教』に手短かにまとめられているので、その部分を引用させていただく。

「一二七四年の飢饉《ききん》、一二八三年の疫病《えきびょう》流行のときは弟子たちを動員して大活躍した。非人の救済、病院の経営、捨子の養育など活動範囲はきわめて広いが、その生涯の総決算として、寺院の造営八十三、橋をかけること百八十九、道をつくること七十一、井戸を掘ること三十三のほか、浴室（公衆浴場）・病室（病院）・非人宿などが数えられ、……一二八七年に建てられた桑谷療病所では二十年間に全治者四万六千八百人、死亡者一万四百五十人で、八割までが助かっている」

一二九八年には、忍性は馬病舎を建てている。馬の病院のことだ。

病気になった馬がかわいそうだという理由からではなく、運搬などの動力として用いられていた馬の怪我《けが》・病死が人間生活の不自由に直結していたからであろう。

忍性が奈良の西大寺《さいだいじ》にいた頃、

「かつて光明《こうみょう》皇后が癩《らい》患者を洗ったと伝えられる般若坂北山の癩病舎を復興して救済したが、手足が不自由で乞食《こじき》に出られない一人の病人を一日おきに背負って朝、町に連れて行き、夕方には病舎に運び、乞食で生活がなりたつようにしてやった。これが休みなしに数年間続いたという」

忍性のこのような行為がどれほどいつくしみ深いものであったか、もはや多言を弄《ろう》する必要はないだろう。

「慈悲をたれる」という言い方は、何となく上からほどこすといった感じがある。もてる者の余裕という印象も受ける。

しかし、手足が不自由な病人を背負って病舎と町を毎日往復する忍性の姿をありありと想像するとき、現代の用語で言えば、そこには確かに深い人間愛があるというべきではないだろうか。

日本の臨済宗《りんざいしゅう》をつくった栄西《えいさい》もまた、生活に困窮《こんきゅう》して物乞いにきた男に寺院建造のために用意しておいた高級な建材を与えた、というエピソードを残している。

寺の物を勝手に人にやっていいのかと他の僧に責められると、栄西は、

「釈尊がここにいたならば、同じことをしただろう」

と答えたという。

慈悲は「縁」を知ることで生まれてくる

現代になって、「慈悲」という言葉は、「愛」という言葉によって片隅に押しやられてしまった。そして、愛こそ至高の価値とされて久しい。愛はさまざまに歌われ、多くのドラマのテーマともなっている。

けれども、実際にはびこっているものは純粋な愛だろうか。実は、どうしようもなく利己的な愛欲や渇愛《かつあい》ではないだろうか。だとしたら、いかにも愛に似せて化粧された欲望が氾濫《はんらん》しているにすぎない。

愛しあっていると公言していた男女が、ついには裁判所で相手の非を追及したり、金銭のやりとりで相手を評価したり判断したりするようになる。それは最初から本物の愛を育ててこなかった証明ではないか。

別に、ここで愛と慈悲のどちらが上か、などと詮議《せんぎ》しているわけではない。ただ、仏教においては慈悲といい、それは対象を選ばない博愛のようなものであると説明しているだけである。

もちろんその慈悲は、すでに述べたように、「縁」でみんなの命がつながっているという認識から出てくるものだ。

その深い認識の欠落した善行は慈悲ではなく、たまたまの善行か、愛に似た同情というべきであろう。

福祉は中道の精神に沿ってこそ

紹介したように、忍性は驚嘆すべきスケールで福祉活動を行った。現代になって、忍性に比べられるような仏教の僧は皆無《かいむ》になった。それは、僧侶が個人的に福祉活動をしなくても行政がしてくれるからなのだろうか。

しかし、行政主導の福祉は、多くの人がすでに気づいているように、まともなものではないようだ。たとえば、生活保護を受けている家庭はエアコンを設置すべきではない、エアコンは贅沢《ぜいたく》品であり、行政の保護を受けている家庭はそのような贅沢品をもつべきではない、などという認識の上での福祉だからだ。

忍性は、ただ他人を金銭や物質で保護するのが福祉だと考えていたわけではなかった。助けを差しのべる相手の尊厳を十分に配慮している。

だから、わざわざ忍性は、「手足が不自由で乞食に出られない一人の病人を一日おきに背負って朝、町に連れて行き、夕方には病舎に運び、乞食で生活がなりたつようにしてやった」のである。

手足が不自由なその人に、屋根や食物を与えることはできたろう。しかし、そうはしないで、自分で生活できているという人間的な自負をそこなわないように配慮したからこそ、毎日おぶって町まで連れていくという助け方をしたわけなのだ。

実は、ここに忍性の行為の仏教らしさが現れている。というのも、加減のほどよいこういう手助けは、中道《ちゅうどう》の精神に沿っているからである。

相手を完全に保護するという極端、我関せずとわりきって見捨てるという極端、この二つの極端を排して、偏りのないほどよさをいくのを、「中道の実践」という。

有名なたとえでいえば、琴糸《こといと》の緩急《かんきゅう》だ。弦《げん》を強く張っても緩《ゆる》く張ってもよくない。ちょうどいい加減に張ったときによい音色が出る。ふだんよく使っている言葉でいえば、「適度」が中道に近い。

忍性は、その中道の精神で福祉活動を行ったと思われる。

ちなみに、渡辺照宏氏は忍性の慈悲を紹介したあとで、こんなことを記している。

「鎌倉時代から室町時代にかけては、慈善救済や土木交通などの社会事業で、僧侶の手になるものが多いが、江戸時代になると僧侶の社会事業はずっと少ない。これは幕府や諸藩の施設が整備したためでもあろうが、仏教が無気力になったことを示すものとも考えられる」

これは仏教批判というより、仏教を大切だと思うがゆえの、渡辺氏の悲しみが含まれた一文だと、わたしは思っている。

知っているようで知らない仏教用語⑦

この鮨屋の「シャリ」はうまいねぇ

鮨《すし》はシャリが命だといいます。確かに、ネタがよくてもシャリがまずいのは食べられないものです。ですから、実際にそういう店があったとしたら、鮨屋を続けていくことは難しいでしょう。うまい鮨屋はネタもシャリもおいしいのがふつうです。

ところで、シャリとは「舎利」と書き、本来は遺骨のことをいいます。ブッダの遺骨のことは「仏舎利《ぶっしゃり》」といい、霊園に行くと中央に白い仏舎利塔が建てられていることがあります。したがって、その中にブッダの遺骨のほんの小さな粒が入っているはずなのですが、実は必ずしもそうではないようです。

そのシャリと米粒が似ているから、ご飯をシャリとか銀シャリというわけです。

本文でも触れましたが、ブッダは自分の死後に遺骨を崇《あが》めるようなことはしないようにと言い残したのですが、実際は弟子たちはそれとは反対の行動をとったのでした。

わたしたち日本人も故人の遺骨にこだわることが多いようです。遺骨を遺族の誰が受け取るのかということが問題になったり、祖先の遺骨を納めた墓のそばにいたいがために、その土地を離れられないという気持ちもあります。

しかし、そういう愛着こそが煩悩《ぼんのう》だと教えているのが仏教のはずです。だから、仏教を知れば知るほど、自称仏教徒である日本人の仏教徒らしくないところが、とても不思議に見えてくるのです。

知っているようで知らない仏教用語⑧

「北枕」は縁起が悪い？

寝るときに北の方角に頭を向けていて、「北枕は縁起《えんぎ》が悪い」と言われたことはないでしょうか。

その理由を尋ねると、だいたいが「北枕にするのは死んだ人だけだから」などと言われるものです。なるほど、葬儀屋は遺体の頭が北を向くよう配置します。

なぜそうするかというと、ブッダがクシナガラという地の沙羅双樹《さらそうじゅ》の下で死んだとき、北側に頭を向けていたからです。それにちなみ、あるいはまた、ちゃんと成仏《じょうぶつ》できるようにという意味もこめて、北枕にするのでしょう。

けれども、本当にブッダの死亡時の姿に似せるのだとしたら、遺体を横向きにしてその顔が西側を向くようにしなければならないのです。

なぜならば、ブッダは足を揃《そろ》え、折り曲げた右腕を枕がわりにして、いわゆる「頭《ず》北面西《ほくめんさい》」の姿で息を引き取ったからです。

ところで、北枕にするのは遺体の腐敗を遅らせるためだという説もあります。頭を北に向けたほうが涼しいというのです。とすると、暑い国インドならではの知恵も含まれているのかもしれません。

ちなみに、日本の北国で冬に北枕で寝るのは避けるべきです。もし、その北側に窓でもあれば、あまりにも寒くて眠ることなど不可能だからです。

第五章
本来の仏教から変質した日本の仏教

誤解されてきた「諸行無常」の意味

「諸行無常」とはペシミスティックな感情ではない

日本の古典の一つに必ず数えられる『平家物語』は、次のような有名な書き出しで始まっている。

祇園精舎《ぎおんしょうじゃ》の鐘の声　諸行無常《しょぎょうむじょう》の響《ひび》きあり　沙羅双樹《さらそうじゅ》の花の色　盛者必衰《じょうしゃひっすい》の理《ことはり》をあらはす　驕《おご》れる人も久しからず　ただ春の夜の夢の如《ごと》し　猛《たけ》き者もついには滅びぬ　ひとへに風の前の塵《ちり》に同じ

琵琶《びわ》法師の語り方はもちろん、この文言《もんごん》もまた、ものわびしく悲しいものだ。

それは、『平家物語』が平家貴族の敗退と没落を哀切こめて物語ったものだからというだけではなく、冒頭から「祇園精舎の鐘の声　諸行無常の響あり」と無常感をことさらに強調しているからである。

元来、「諸行無常」とは仏教の考え方である。それを悲しみの理として、昔の人たちの多くは受け取っていたわけである。

常に同じものはない。すべては移り変わり、いつか塵のようにむなしく消え去ってしまう。いっさいは夢のようなものだ。あらゆるものは儚《はかな》い。

これがいわゆる無常感というものであり、どうせいつかは衰え、何もかも無になるのだという、半《なか》ば捨て鉢《ばち》な日本人のものの見方になっていったのだった。

しかし、こういう無常感は、仏教の「諸行無常」の教えを勝手に解釈したところから生まれてきたものだと気づかなければならないだろう。

そもそも仏教の「諸行無常」とは、さまざまな縁によって今の私の存在、この状況があるという構造の道理を指摘した言い方であり、ペシミスティックな無常感とは関係のないものだからである。

「無常」＝「変化」は当たり前のこと

確かにブッダの言葉には、次のようなものがある。

この世における人々の命は、定まった相《すがた》なく、どれだけ生きられるかわからない。いたましく、短くて、苦悩をともなっている。

……陶工《とうこう》のつくった土の器が終《つい》にはすべて破壊されてしまうように、人々の命もまたそのとおりである。

しかしブッダは、詠嘆《えいたん》しているだけではない。次のようにも言うのである。

……賢者は世のなりゆきを知って悲しまない。

……たとえば、家に火がついているのを水で消し止めるように、そのように智慧《ちえ》ある聡明な賢者、立派な人は、悲しみが起こったのをすみやかに滅ぼしてしまいなさい。

……おのが悲嘆と愛執《あいしゅう》と憂《うれ》いとを除け。おのが楽しみを求める人は、おのが（煩悩の）

矢を抜くべし。

この世は無常だと言って嘆く人たちは、ブッダの目から見れば、自分の煩悩の中で嘆いていることになるのだ。嘆いたり憂えたりすること自体が煩悩なのだから。

本来の「無常」とは「変化」を意味する。何ものもずっとそのままの姿でとどまっていることはない。永続性はない。そのことだけを指す。だから、誰もが無常を生きなければならない。そんな当たり前のことを悲しいとするのは、いっさいが無常であることを認めないという身勝手な愚かさからきている。

ブッダは、諸行は無常だから悲しい、と述べてはいない。あらゆる存在や行いはすべてそのときの縁によるものだから、そこに気をつけて注意深く努力して生きよと教えているだけなのだ。

それ以上の意味は元からない。なのに、日本では「諸行無常」が誤って解釈されてきた。つまり、仏教の根本に触れる考え方なのに、正しく伝えられてこなかったのである。

というよりも、「もう一つの無常の感情」が仏教の無常と混じってしまって、厳しく峻《しゅん》別《べつ》しないうちに、仏教の無常の意味まで誤って伝えられてきたのだろう。

集団自殺まで生んだ信仰

そのもう一つの無常の感情とは、まさしく儚《はかな》さを嘆く無常感である。

この感情はインド人にもあるし、日本人が好む感情でもある。特に日本では多くの人が儚さを意味する無常感を毎日のように抱いていたはずだ。

なぜなら、権力をもつ者がころころと変わり、昔は医療も薬品も発達していなかったから、人はすぐに死んだ。戦《いくさ》も多かった。天災、飢饉《ききん》。木と紙と竹だけでできた家はすぐに燃えた。世の中も環境も、まさに無常だったからである。

そこへ僧侶たちが「諸行無常」だと重ねて教える。それでは逃げ場を絶たれたも同じで、悲しくなるのも当然だろう。ブッダの教えも正しく理解できず破戒《はかい》の多かった僧侶たち自身が、仏教の無常を正しく理解していなかった可能性も大いにあるのだが。

生きていくことに悲しい無常感だけを覚えるのなら、気力がなくなってついにはいっそ死にたくなる。統計など残っていないが、昔の日本の自殺者数は、かなりのものだったろうと察せられる。

十三世紀頃から、信仰に名を借りた集団自殺さえあった。補陀落渡海《ふだらくとかい》をうながす観音《かんのん》信仰である。

この妙な地名の補陀落とは、南インドのポタラカ山のことなのだが、そこに観音菩薩《かんのんぼさつ》が住んでいるのだという。だから、こんな無常な世の中を見限《みかぎ》って、みんなで補陀落に行こうという信仰運動があったのである。

どうやって補陀落に行くかというと、酒を飲んだうえに二日ぐらい寝ていない状態で実際に舟に乗るのである。そして、みんなで声高くお経を唱《とな》える。舟は進んでいく。少しずつ沈みもする。あらかじめ舟底に穴を開けているからである。そうして、全員が海中に没するのである。

だまされて死ぬのではない。死ぬということを覚悟している。

方法はいろいろあったらしい。十六世紀に日本でキリスト教の布教《ふきょう》をしていたルイス・フロイスはこう記している。

「……一人残らず美しい着物をきて、その袖《そで》の中へ勧進《かんじん》して集めた金銭を入れ、衆人に見送られて、海浜《かいひん》まで行く。そこで、新造した一艘《そう》の船に乗り込む。そして、彼らは頸《くび》をはじめ、腕、帯（腰）、あるいは脛《すね》や足に大きな石を縛り付け、……彼らは沖へ漕《こ》ぎ出す。……海浜から小銃の射程距離の三、四倍離れたところで、彼らは一人ずつ深い海の底へ、

――むしろ地獄の底と言った方が適当である――身を投ずるのである」(川村湊『補陀落』)

イエズス会の宣教師たちの他の報告もあるから、この補陀落渡海はずいぶんと目立って頻繁《ひんぱん》に行われたのである。しかも、数百年も続いていた。

このような公然の自殺をも、一種の信仰の形だと認めていた昔の人の仏教解釈と絶望感を、わたしは今でも理解することができない。

ブッダの教えた仏教は日本にあるか

仏教は最新思想として輸入された

日本に仏教が伝来したといわれるのは紀元五五二年（一説には五三八年）。仏教を取り入れるかどうかをめぐって蘇我《そが》氏と物部《もののべ》氏が争った。

いずれにしろ、六世紀には日本に仏教が伝わっていたということである。しかし、このように教科書風に書いてしまうと、誤解を招くことにもなる。

どういう誤解かというと、六世紀の一般民衆も、すでに現代のような仏教を信仰していたのかという想像による誤解である。

そんな誤解が生じないようにするために、六世紀に日本に仏教が伝来したのではなく、日本の朝廷と豪族のごく一部のみが、仏教を最新思想として大国の中国から輸入したと言いかえたほうがいいだろう。中国が大国でなければ輸入しなかったのである。

もっと正確にいえば、中国文化の盛んな外国進出の一つとして、仏教がついに小国日本にまで及んだということだ。一般民衆にまで仏教が広まるのは、それから実に数百年後のことになる。

さて、当時の権力者たちは仏教を受け入れておきながら、仏教がはたしてどういうものであるか、仏教の内容については少しも理解していなかったと思われる。

なぜならば、最初の僧侶として、二人の女性をあてがったからである。女性だからよくないというのではない。仏教に仕える僧侶を、神道《しんとう》の巫女《みこ》のようなものと考えていたから、女性を起用したのである。

そして、呪術《じゅじゅつ》、祈禱《きとう》が彼女らのもっぱらの仕事だった。何のことはない、権力者たちの病気祈禱や災害除《よ》けのために、仏教が新しい道具として利用されたにすぎないのだ。

どうやら、何でもかんでも目に見える形やノウハウだけを欲しがって換骨奪胎《かんこつだったい》してしまうのが、日本人の支配者の昔からのよくない癖《くせ》かもしれない。

あまりにも日本的な神仏習合

とにかく、大国であった中国で流行しているものなら何でも欲しがったわけである。それが「縁起」と「空」の思想を含んだ仏教であること、しかも中国風の仏教だったことは知らなかった。というより、大陸の、何か新しくて利用できそうなものであれば、好んで取り入れたのだ。

その際も、仏教経典を日本語に正しく翻訳する努力すらなされなかった。漢語のままで勝手に理解した気になっていた。

その影響は現代にまで及んでいる。これが正しいと認められた経典の翻訳書など、いまだにないのであるから。

当時、日本の僧が中国に行って学ぼうとしたり、中国僧が日本に来たりはしていたが、言葉の障害から基本的な意思疎通《そつう》さえもはなはだ頼りなく、高度な議論どころか、正確な理解など、ほとんどなされないというのが実情だった。

そういう状態で仏教を皮相《ひそう》的に受け入れたものだから、仏教が神道のような自然力崇拝《すうはい》宗教とまったく異なるものだということが分かるわけもなく、たちまちにして神道と融合されてしまったのである。

これが、神仏習合《しんぶつしゅうごう》と呼ばれるものである。

神社で仏教経典が読経《どきょう》されたり、僧侶が置かれたりしたのである。神仏習合を根拠づけるために、「本地垂迹説《ほんじすいじゃく》」という急ごしらえの理論も現れた。これは、仏が仮の姿をとって現れたのが日本の神である、という説である。

権《かり》に現れたのだから、そのままに権現《ごんげん》というわけだ。日本人ならば、権現菩薩という言い方は、必ずどこかで見聞きしているはずだ。八幡大菩薩もまた、神仏習合から生まれた妙な造語である。

そして、神仏習合は広くいきわたり、神仏は本来的に一つであるという考え方が、当たり前となったのである。結局、神仏習合は約千三百年の長きにわたって慶応四年(一八六八)の神仏分離令まで続いた。

そして一応は、神道の神と仏教の仏は異なるとされたのだが、実際には信仰習慣や言葉として根づき、現代人でさえ、神仏はどうのこうのというふうに、神仏という言葉を同一レベルで使うようになっているわけである。

日本人は「知」よりも「信」を重んじた

ところで、仏教は宗教というには独特なものであろう。

なぜなら、まずは「縁起」とそこから生じる「空」について、理解しなければならないからだ。最初に信があるのではなく、まず知性による理解が必要とされるのである。

仏教がそういうものであるということは、一般の人々にはよく伝わっていなかったようだ。というのも、民衆に人気があったのは、理解を経てからの信仰ではなく、信ありきの信仰だったからである。

平安時代から鎌倉時代にかけて、人々は弥勒《みろく》菩薩や地蔵に対して祈った。「縁起」がどうのこうのという教えを知ってから信仰したのではなく、一心不乱に祈りさえすれば、きっと仏がこの状況を何とか改善してくださるという素朴《そぼく》な信仰心をもっていたからなのである。

当時、特に平安末期は旱魃《かんばつ》、暴風雨などの天災が毎年のように続き、結果としての飢饉《ききん》、疫病《えきびょう》のため、多くの餓死者、病死者を出した。鴨長明《かものちょうめい》が『方丈記《ほうじょうき》』に書いているように、京都一帯に死臭が充《み》ち、飢えの苦しさから子どもを食う者までいたというのだから、生き地獄の世相《せそう》だったと分かる。

そういう時代にあって、人々は実質的な救いを求めたのである。あるいは、こういう世で死ぬのであっても、せめて死後は浄土に連れていってほしいと希求したのである。悟りのことなど知らなかった。

鎌倉時代になると、仏教にさまざまな日本的な宗派が興《おこ》る。そのときもやはり、人気があったのは救いに信をおく宗派であった。それは浄土宗である。

浄土教はすでに七世紀の頃からあったが、ずっと貴族御用達《ごようたし》の宗派だった。それを庶民のものとしたのが、十二世紀の法然《ほうねん》であった。

法然は中国の浄土教に手を加えて変え、「南無阿弥陀仏《なむあみだぶつ》と唱《とな》えさえすれば、誰であっても極楽に往生し、必ず救われる」と新しく説いたのである。

また、それまで女性は仏教においても差別されていたのだが、法然は女性が不浄ではないこと、女性でも救われることを強調したのだった。

現代の浄土宗信徒がどう思っているか、寡聞《かぶん》にして知らないが、これはもはや仏教とは素直にいいがたい信仰であろう。「縁起」を悟ることなど、第一義ではないのだから、仏教よりもむしろキリスト教のような信仰に近い形である。

けれども、信仰としては理知を使わない、そのほうがわかりやすくて、大衆受けしやすいともいえる。

よく観察するならば、現代においても日本人の仏教信仰は、驚くほどキリスト教的なのである。仏壇に手をあわせる多くの人は、早く悟れるようにと祈っているわけではない。仏をあたかも神のようにとらえて、願いごとを告げているのである。

日本人の本音の信仰心がそういうものであったため、江戸時代にキリスト教が盛んになってきたとき、権力者たちはうろたえたのであった。

このままキリスト教徒が増え続ければ権力が揺らぐと考えて、家を通じて民衆を所属地域の寺と結びつける寺請《てらうけ》制度をこしらえ、義務づけたのである。

仏教はすでに幕府の下にあるわけだから、寺と民衆を固く結びつけておけば管理がしやすくなる。同時にまた、それは民を土地に縛りつけておく役目もはたした。

これは現代でもなお効果を上げ続けており、地方出の人間がいつか地方に戻るようになるのは、その土地に先祖代々の墓があるからなのだ。

このように見てくると、日本が本当に仏教国であるかどうか、疑わしくなるのも当然ではないだろうか。

もし仮に仏教国だとしよう。では、ブッダの教えた仏教を信じているのだろうか。

ブッダがここに来たら、ためらいもなく「日本は仏教国だ」と言う確率はどれくらいあるものだろうか。

「成仏」や「往生」は本来「死ぬ」ことではない

「成仏」は死ぬこととは関係ない

武士が人を斬って、死んでいく人間を片手で拝《おが》み、「成仏《じょうぶつ》せいよ」と言う。そんなシーンを時代劇で何度か見た。

おそらく昔の武士は、本当にそういうことをしていたのではないか。

以前、江戸東京博物館で武州下原《ぶしゅうしたはら》の刀剣の展覧があったので出かけた。本物の刀というものは、ガラス越しに目にするだけでも、冷たい恐ろしさを感じるほど美しさに満ちている。そんな刀身に「南無妙法蓮華経《なむみょうほうれんげきょう》」とか「南無阿弥陀仏《なむあみだぶつ》」とか経文《きょうもん》が彫ってあった。

横払いのやくざな剣法しか知らない極道《ごくどう》が使う刀ではなく、殿様クラスが使う美術品のような刀に、そんなふうに経文が彫ってあったのである。時代が時代である。人の命は今ほど重くはなかったのだろう。

仕事の関係で江戸時代の下級武士が綴《つづ》った日記を読んでみたところ、昔の人々は案外と残酷だったようだ。巷《ちまた》の殺人事件でも、殺し方がかなり酷《むご》い。女を殺して遺体を町に捨て置いたりするのだが、その際に顔の皮を剝《は》いでいたり、現代ならば猟奇《りょうき》と呼ばれるような事件が多い。

武士の日記なのだが、現代人の日記とほとんど変わらないとも思った。仕事のことよりも、内心の吐露《とろ》や愚痴《ぐち》の割合が多い。料理についても多くの記載があった。最初から最後まで子細《しさい》に読んだわけではないが、仏教や信仰のことなど一行もなかったという印象が残っている。仏教、特に禅は武士のための宗教であったはずなのだが、実際に武士たちが禅に親しんでいたかどうかは疑わしい。

たぶん、上級武士でさえ、多くは仏教を理解してはいなかったろうと想像される。そんな武士たちにとって、「成仏」とは死んであの世に行くことだった。禍《わざわい》を起こす怨《おん》霊《りょう》にならずに、向こう側の遠い世に去ってしまうことだった。

今でもほとんど同じだろう。「成仏」は死ぬという意味で使われている。「往生」もそうだ。

そこから、物が壊れて使いものにならなくなったりすると、「オダブツ」とか「オシャカ」

と言うようになった。漢字にすれば、「お陀仏」と「お釈迦」である。

しかし、このような仏教の言葉のほとんどは、本来は死とはまったく関係がない。

「成仏」とは、読んで字のごとく「仏」に「成」ること、悟ることだ。もともとの意味では、修行者のゴータマ・シッダールタが悟ってブッダになったことを、「成仏」と呼ぶ。

ブッダは「悟った者」を意味するとすでに述べたが、「仏陀」という漢字の表記は、ブッダという発音が七世紀の中国で音写されて漢字になったものである。

それ以前の中国では、ブッダは「浮屠」とか「浮図」と表記され、「ブト」とか「フト」と発音されていた。この発音が日本に伝わり、訛りが加わって、「ホトケ」と発音されるようになったわけである。だから、ホトケは死とはいっさい関係のない言い方なのだ。

「往生」という言い方も、文字から意味がとれる。「往《い》」って「生」まれることだ。どこに生まれるかというと、次の世に生まれる。極楽だけが次の世と決まっているわけではない。地獄に落ちて鬼に苦しめられるのも「往生」のうちとなる。

この「往生」という言い方は、主に浄土宗で使われる。西方十万億土《さいほうじゅうまんおくど》の遠くにあるとされる極楽浄土に生まれるのが、「往生」とされている。

この「西方十万億土」の距離を計算した人がいる。結果、現代の宇宙物理学が想定している宇宙の果てよりも遠かったという。すると、西方十万億土は比喩《ひゆ》だろう。とても遠いという比喩は何を意味するのか。「往生」は不可能なほど困難だという比喩か。

いずれにしろ、これは中国的な誇張の表現だ。白髪三千丈《はくはつさんぜんじょう》と同じ類《たぐい》だから、真《ま》に受ける必要がない。日本に伝わった仏教は中国化された仏教だ、ということを忘れてはいけない。

あらゆるものが仏になりうるとはどういう意味か

有名な仏教用語の一つに、「仏性《ぶっしょう》」がある。

これは仏になる可能性というほどの意味だとされている。あるいは、仏になれる種とでもいった感じであろうか。決定された翻訳がない。

仏教では、どんな人間にも、この「仏性」があるといわれてきた。

さらに、

「一切衆生悉有仏性《いっさいしゅじょうしっうぶっしょう》」

とか、

「草木国土悉皆成仏《そうもくこくどしっかいじょうぶつ》」

という教説まで立てられた。

これはどちらも、ありとあらゆるもの、悪人はもちろん、それどころか一本の草木、土くれまでもが仏になりうるという説だ。

本当にそうなのか、それはいったいどういうことを指すのか、中国で論争となった問題だった。

わたしたちにしても、「草木国土悉皆成仏」の意味は簡単には分からない。だいたいにして、草木や土が悟って仏になるとはどういうことか。考えようがない。ファンタジーとしか言いようがない。すべてに命を見るという姿勢の言いかえのためなら、いっさいに「仏性」があるという言い方は、容易に受け入れられるだろう。

しかし、そういう比喩をあたかも現実のように考えたら、無意味な論のくり返しになるだけだ。

それを承知で、この「一切衆生悉有仏性」を演繹《えんえき》的に解釈すると、どんな人間でも仏になる可能性を内に秘めているのだから、死ねば誰でも仏になれる、よって死んだ人は仏になるのだ、だから死者は仏だという論法が成立してしまう。

すると、さきに述べた武士の「成仏せいよ」は、あながち仏教の誤解から生まれたセリフだとはいえなくなるわけだ。

実際、そのような主張を含む仏教の学説がある。「本覚思想《ほんがく》」と呼ばれている。「本覚」とは、人間は本来覚《さと》っているという意味だ。

本来的に悟っているのではあるが、ふだんの行為などによって「仏性」は覆《おお》い隠されている。しかし、死ねば肉体による行為がなくなるのだから、内にあった「仏性」がそのまま出てくるというわけだ。

こういった学説や思想は仏教学の内部では大切なのだろう。

しかし、ブッダの精神から大きく離れてはいないか。ブッダは実際的な人だった。今ここにいる人間を最重要視する人だった。それ以外のあの世のことだの、霊のことだのを考えるには、人生には時間がないと知っていた人だった。

「非現実的なことをいつまでもぐずぐず考えていないで、ただちに現実に有効な手当てをせよ」というのが、ブッダの基本的な姿勢だった。

そして、そういう現実性、実際性が、仏教の本来の魅力だったはずではないだろうか。

現代の日本人は仏教徒といえるのか

宗派と寺はどんな役割を果たしてきたか

紀元前にインドに広まった仏教に、宗派というものはなかった。ところが、中国に伝わってからは、政治的理由などから天台《てんだい》宗をはじめ、宗派がいくつもできた。その中国仏教が日本化し、さらに鎌倉時代に日本流の新興宗派ができた。消えたものもあるが、大きなものは現代までつながっている。

浄《じょう》土《ど》真《しん》宗
曹洞《そうとう》宗
真言《しんごん》宗
浄土宗

黄檗《おうばく》宗
時《じ》宗
融通念仏《ゆうずうねんぶつ》宗
法相《ほっそう》宗

臨済宗《りんざい》　華厳宗《けごん》
日蓮宗《にちれん》　律宗《りつ》
天台宗

この上段がいわゆるメジャー宗派であり、日本人の大部分が檀信徒《だんしんと》となっている。自分は仏教徒ではないという人すらも、このどこかの宗派に属しているのである。

日本の仏教は、最初から権力者たちと利害関係で結びついてきた。

また、仏教僧侶であることは、権力と集金力をもつことでもあった。その権力を堅持するために、暴力もいとわなかったのが日本の仏教宗派である。

というのも、仏の道を行こうとする者だけが僧になったわけではないからだ。門閥《もんばつ》や血筋に縁はないが、野心を持つ者は、僧となることで立身出世《りっしんしゅっせ》をくわだてたのだった。また、寺に入れば衣食は簡単に手に入ったのである。

彼らはそうして寺の軍人である僧兵《そうへい》となり、腕力によって寺の政治力を実現する役割をになった。仏教の研鑽《けんさん》や修行とは無縁の輩《やから》である。現代人でもテレビ劇や映画で名前だけは知っている僧兵といえば、武装したあの武蔵坊弁慶《むさしぼうべんけい》であろう。

弁慶でも分かるように、僧兵は平安時代に生まれ、やがて寺の意思決定にさえ、彼らが主導権を握るようになった。この僧兵は全国の主な寺に備えられ、その軍事力で政治に関与し、武士らとしばしば激しい戦闘をくり返したのである。十六世紀後半に起きた織田信長による比叡山延暦寺《ひえいざんえんりやくじ》焼き討ちは、この僧兵らとの戦いであった。

僧兵同士の戦いもあり、十六世紀の浄土真宗と日蓮宗との権力争いでは、互いの寺院ばかりでなく、京都の町の三分の一を焼いてしまっている。

これほどまでの暴力を振るう僧兵らを押さえ込むために、徳川幕府は仏教自体を国家統制の下に置いて、監督支配するという形をとった。明治政府もそうした。その対策は政治のためにも、きわめて好都合であった。

権力の下に仏教各宗派の大本山を置き、その下に全国の末寺《まつじ》を置き、末寺は地域の庶民を檀信徒として管轄《かんかつ》するようになった。寺は戸籍係のようなものであり、かつ庶民を監視する役目もはたしていたのである。

つまり、寺は仏教を教える場というよりも、一種の駐在行政機能体のようなものになってしまったのである。

現代でもそうである。僧侶たちは、仏教がどういうものであるかを積極的に教える姿勢などもちあわせず、金になる仏教行事のときにだけ顔を出して形式的に経を読み、布施《ふせ》を懐《ふところ》に入れ、いそいそと次の檀家の法事に向かうだけである。

したがって、老人でさえ、仏教がどういうものであるか、明白には知らないのが現状だ。自分が属している宗派の特徴も知らない。何となく、仏と神は同じだと思いこんでいるだけである。そのくせ、自分には宗教心があるという大きな誤解をしている。

坐禅をすれば悟れるというものではない

一方、仏教がいったいどういうものであるか、知ろうとしている人々もいる。彼らにとって、仏教は澱《よど》んだ神秘なのである。

しかし、そういう人たちが仏教を知るために読む本があまりにも少ない。確かに仏教がどういうものかを説明している書籍はたくさんあるのだが、内容がたんなる情報であったり、たんなる私的なエッセイであったりするのだ。

にもかかわらず、仏教が何であるかを知らしめようとしている本もある。その多くは禅宗の書籍である。どういうわけか、その他の宗派の本は、彼らの宣伝をしているようなものばかりで、本来の仏教についてはほとんど語っていないのである。

本来の仏教の周知にもっとも積極的な姿勢をもっている禅宗とは、曹洞宗と臨済宗のことである。

この二つの宗派は、鎌倉時代に生まれた。もともとは中国からの輸入ではあるが、道元と栄西《えいさい》がそれを日本的な禅宗にし、結局は茶道・華道・能など禅的な文化をつくることになったのである。

武士たちは禅を好んだというが、禅を理解していたとは思われない。しかし、禅の上澄《うわず》みである禅文化は育てられたわけである。

禅とは禅定《ぜんじょう》のことだ。もっと分かりやすい言葉にかえれば、瞑想《めいそう》のことである。

ブッダが悟りを開いたときも、この瞑想をしていたのである。瞑想は仏教以前からあり、その伝統はヨーガとして現代まで伝えられている。

禅は、五世紀後半にボーディダルマが南インドから中国に伝えた。それが中国で洗練され、留学に行った道元らが日本にもってきたのである。

詳しくは禅の書籍をひもといてほしいが、曹洞宗は「坐禅を主として悟る」というスタイルをとり、臨済宗は主に「公案《こうあん》という問題に答えることによって悟る」というスタイルをとっている。

しかし、誤解のないようつけ加えるが、坐禅といっても座っているだけではない。「行《ぎょう》住《じゅう》坐《ざ》臥《が》」（要するに日常生活のこと）のすべてが禅なのである。つまり、生活の全体を瞑想とするように修行するのである。

それが身についたとき、集中して物事にかかわる力がつき、やがてその力が人々の幸福に役立つと考えるのである。

しかし、ここで注意しておかなければならない。それは、坐禅のような瞑想が悟りへのただ一つの確かな道だと思いこんではならないということだ。

そのことを、有名なエピソードが教えている。七世紀の唐の時代に生きた禅僧、南嶽懐《なんがくえ》譲《じょう》とその弟子である馬祖道一《ばそどういつ》の話である。

馬祖が道場で坐禅をしていたとき、師匠の南嶽が来て声をかけた。

「おまえさん、何のためにそれほど懸命に坐禅しておるのか」

「坐禅して、仏になりたいのです」

と、馬祖は正直に答えた。

するとに南嶽は足元にあった瓦《かわら》のかけらを拾って、磨き始めた。馬祖は驚いて言った。

「師匠。瓦など磨いてどうなさるおつもりですか」

「いや、これで鏡をつくろうと思ってな」

「鏡……ですか。お言葉ですが、しかしそれは無理なことです。瓦をいくら磨いたところで、とうてい鏡にはなりません」

そう言う弟子に南嶽は言った。

「そうか。それならば、ここで坐禅をしてどうして仏になれようか。おまえさんがしていることは、車を引いた牛が脚を止めたときに、牛を打たずに車を打っているようなものではないか」

ユーモアに溢れたこの逸話は、坐禅だけが悟りへの方法だとは限らないということを示している。

南嶽懐譲は、馬祖の狭い考え方を指摘し、悟りに定まったハウツーなどないことを体感させたのである。

「大袈裟」は嫌われる

広告の世界では大袈裟《おおげさ》なものが多いようです。ある商品をＴＶで見て、その大袈裟ぶりはとっくに知っているのに、ついつい買ってしまう。人はなぜだまされやすいのでしょう？

この「大袈裟」とは文字通りに、大きな袈裟《けさ》という意味です。大きな袈裟を着ると、いっそう仰々《ぎょうぎょう》しくなるし、その人があたかも立派で大きく見えてしまいます。これが本来の「大袈裟」の意味となります。実際、うさんくさい人ほど、大袈裟な格好をするものです。いかにも高級そうなスーツを着て、金時計をちらちらと見せびらかしている輩《やから》ほど、信用しにくいものです。

同じようなことを多くの僧が行って大きな口をたたき、多くの人があきれたからこそ、「大袈裟」という言葉ができたようです。

本来、僧侶が着る袈裟は質素というより粗末なものであったのです。汚い色のボロをつづったもので、「糞掃衣《ふんぞうえ》」と呼ばれていたのです。そうしてほとんど何ももたない生活をし、毎日の食事はもらって歩くというのが基本でした。

そういう仏教僧侶の生活が中国では忌《い》み嫌われ、食事をもらって歩くのも禁止され、衣服も華美《かび》になったのでした。そして、日本に伝わってきたわけです。

もし現代の僧侶が粗末な着物に着替え、かわいそうなほど質素な暮らしをし、なおかつ善行にたゆまないようにするなら、「生臭《なまぐさ》坊主」という言葉はなくなるでしょう。

資本主義は「迷惑」です

「迷惑」は文字通り、迷い惑《まど》うことで、仏教の煩悩《ぼんのう》の様相から来ている言葉です。

どんな価値観をもてばいいのかとか、どういう考えをもてば立派な人間になれるのか、などと考えの上で迷うのが「迷」であり、こんなときどうふるまえばいいのかとか、明日は何を着ていこうか、などと行動に迷うのが「惑」です。この二つが重なって「迷惑」となります。

確固とした信念をもち、自我を押し通していくことも、仏教では迷いとされます。そういう人は自我に執着し、真理に暗くなっているからです。

しかし、人の毎日は決断の毎日でもあります。ですから、多くの人は「それは得か、損か」という基準で判断しています。

けれども、これとて迷いです。なぜなら、その場の損得が人生の本質ではないからです。損得勘定でずっと生きてきて、死に面してようやく自分の人生は何だったのかと悔やんでも遅いのです。

そういう意味で、資本主義は「迷惑」だといえます。資本主義の目的が「利益の追求」だからです。それはただ金銭的利益の追求であり、そのために人間性や善、真理などが無視されてしまっています。

しかし、ある程度の金銭なくしてこの世は生きにくい。では、どうすればいいのか。というふうに悩むのも、本来の意味での「迷惑」なのです。

第六章
仏教に「輪廻」はない

誤解されてきた輪廻思想

日本にはびこる疑似宗教のウソ

輪廻《りんね》、もしくは生まれ変わりという考え方は、さまざまな形の物語を通じて日本人の多くの人が知っている。

しかし、正しく知っているわけではなく、勝手な考えや想像をまじえて自分なりの生まれ変わりのイメージを抱いているというのが現状だろう。

たとえば、人間は死んでも滅びるのは肉体だけであり、霊魂は生き続け、また新しく別の人間の肉体に宿《やど》って生まれてくると想像されているようだ。

そこで、疑似宗教を唱《とな》える詐欺師《さぎし》や自称霊能者、自称宗教家といった人たちが、

「あなたの前世は平安時代のお姫さまであった」

などと真顔で言いきって、金品を巻き上げる手段に使うのである。

テレビなどでも安易にそういう得体の知れない人間を出演させるものだから、視聴者は本当にそういうことがあると思ってしまい、そしてそれが仏教の輪廻なのだと思いこんでしまう。

日本にはおびただしい数の新興宗教、正確には疑似宗教がはびこっている。八万七千団体あるともいわれている。それらはいずれも仏教や神道やキリスト教などにとてもよく似ているのだ。

しかし、金もうけのために意図的に似せているのであって、内実はまったくのデタラメだ。たとえ宗教法人の資格を得ていても、ニセモノの宗教である。行政はその団体の収益の面だけを見て、法人格を与えているだけなのだ。

それなのに疑似宗教を信じる人がこれほど多いのは、自分の手で本物の経典や『聖書』などを開いて読む人があまりにも少ないからであろう。つまり、なまけ者がたくさんいるということだ。

その宗教がどういうものなのかを調べてみるというわずかの手間を惜しんで、演技のうまい詐欺師の言うことを鵜呑《うの》みにしてしまう人たちが、そういう疑似宗教をあっさりと信じてしまうわけだ。

それと同じように、輪廻もまた詐欺師たちが口にする根拠のない勝手な解釈でイメージされてしまっている。そして、輪廻は仏教の考えだ、と思いこまされているわけだ。

「輪廻」は古代インド哲学から生まれた考え

「輪廻」とは仏教から生まれた考え方ではない。仏教以前の古代インドの哲学から生まれた考えである。

もともとは、古代インド人の、「死者を焼いた煙はいったいどこへ行くのだろう、あの煙は霊魂を乗せているのではないか」という素朴《そぼく》な疑問から発想されたのが、死んでも再び何かに生まれ変わるという輪廻とか転生《てんしょう》なのだ。

「輪廻」はサンスクリット語で「サンサーラ」という。「サンサーラ」は流転《るてん》とか放浪するという意味で、霊魂が休むことなく転生していくことを表している。

この考えは古代インドのウパニシャッド哲学で述べられ、それ以後はバラモン教、ヒンズー教などを通してインドで広く知られて信じられるようになってきたものである。

しかし、現代の映画や小説などでしばしば安易に描かれているように、ある人の霊魂が生前の人格を保ったまま、別の人間として生まれ変わるというふうに考えられたわけではない。

輪廻するのは、「アートマン」という実体だと考えられたのである。では、「アートマン」とはいったいどういうものか。次の項から説明する。

古代インドの輪廻思想を仏教は受け継がなかった

アートマンとブラフマン

輪廻する主体はアートマンだ、というのがインド古来の考えである。

しかし、この「アートマン」という言葉、インドでも定義がはっきりしていない。このサンスクリット語は、適切な日本語に翻訳しがたく、これまでに「個我《こが》」「真実の自我」「自我の本性」「内制者」などという訳語があてられてきた。

翻訳では「我」という字が入っていたりするので、個人的な人格に近いもののように思われるが、むしろもっと純粋なもので、人間という生命を形成する根源にある、極小の核のようなものがアートマンだと考えていいようだ。

この「アートマン」と一対《いっつい》のようになっている言葉に、「ブラフマン」というものがある。「ブラフマン」とは、宇宙の根源であり、宇宙の創造者のようなものだ。

というのも、西から来たアーリア人がつくったウパニシャッド哲学では、ブラフマンが苦行の果てに宇宙を創造して、それから宇宙の中に入って宇宙そのものとして活動していると考えるからだ。

そして、アートマンも本質的にブラフマンであり、アートマンが本来の純粋な形に立ち還《かえ》ったとき、ブラフマンと合一《ごういつ》するという。アートマンは極小の宇宙であり、ブラフマンは極大の宇宙というわけだ。

ブッダはアートマンを否定した

そのようなアートマンは個々の人間の心臓の中枢《ちゅうすう》にあり、人間が死んでしまえば肉体から解放されるという。

しかし、人間としてこの世に生きているとき、アートマンに業《ごう》が付着してしまい、アートマンはその不純さゆえにブラフマンと合一することができず、輪廻をくり返していくというのである。

もしアートマンが純粋な形でブラフマンと合一できるならば、もはや輪廻はしない。輪廻は苦しみであるから、輪廻から外れる、すなわち解脱《げだつ》できるならば苦しみから永遠に解放されるのだ。

そうなるためには、みずからの内にあるアートマンにその人が覚醒《かくせい》する必要がある。そしてなお、アートマンがブラフマンと同じ質であることを認識すればよいのである。その認識こそ、古代バラモン教で「悟り」と呼ばれてきたものなのだ。

しかし、アートマンとブラフマンの同一性に気づくこともなく、日々の煩悩《ぼんのう》にまみれているる限り、アートマンは死後に体温や呼吸といっしょに肉体を抜け出て、再び別の肉体に宿るという輪廻をくり返すのである。

これが古代インドで広く信じられていた輪廻思想だ。

仏教はしかし、その輪廻思想を受け継ぐことはしなかった。それどころか、ブッダはアートマンの存在を真っ向から否定したのである。

学僧たちが考えた仏教的な輪廻の仮説

人間の精神を三つの領域に分ける

ブッダの生前の行いと言説のみをもって、仏教が純粋に伝えられてきたわけではない。ブッダの死後に僧たちが教えを理論的に研究して、今日の仏教というものを形成してきたのである。

その際に問題となったものの一つに、「アートマンが存在していないのならば、輪廻する主体はいったい何だろうか」という疑問があった。ブッダはアートマンはないと言いながら、輪廻を否定していないように思えたからだ。

そこで、これはどういうわけだろうと僧たちは考え、そのうちの唯識《ゆいしき》学派の学僧たちが研究考察したあげく、輪廻する主体は「アラヤ（阿頼耶）識」ではないかと言い出した。

「アラヤ識」は精神の最奥部にあるもので、ここにあらゆる現象の種が納まっているというのである。だから、別名で「蔵識《ぞうしき》」ともいう。

現代の心理学は、人間の心をいくつもの層に分けて説明するという分析を行ったが、仏教の学僧たちは同じようなことをすでに大昔に行っていたわけだ。

それによれば、人間の精神、つまり認識野《にんしきや》は、次の三つの領域（全八層）に分けられるという。

もっとも浅い場所にある第一の領域は、「前六識《ぜんろくしき》」と呼ばれ、ここでは五感（眼、耳、鼻、舌、身）による認識と意識の六つが働く。

その次の深みにある第二の領域は「末那識《まなしき》」と呼ばれ、ここでは「前六識」での認識を統括する働きを受けもっている。

第三がもっとも深層にある「アラヤ識」で、右記のすべてを根源で支えている土台である。

これらのことは僧たちが考えついたことであるから、事実だとはいえない。いわゆる、一つの仏教的な仮説にすぎない。

学僧の仮説はブッダの悟った真理からずれている

ところで、この仮説のどこが仏教的かというと、次ページの図のように、意識層が外界からの刺激を受けて働くというふうに考えないところなのである。

表象、すなわち人間がまぎれもない現実だと思いこんだり、見たりしている事柄や物のことだが、この表象は実は外界から来たものではなく、アラヤ識に由来するものだと考えるのだ。

現実世界に存在しているかのように見える表象は、アラヤ識から行動が「縁」として現象化・意識化されたものだというわけだ。

いっさいはこのアラヤ識にあり、そこから出てきたものが末那識と前六識で現象として構成される。つまり、今ここに見えているもの、ましてこの自己という存在さえ、仮の現象にすぎないのだという考え方である。

極端にいえば、すべてが夢幻だというのである。

ところが、人間はそうは思わない。見えているもの、体験していることは、自分の心の無意識から出てきたものだとは決して思わない。自己の存在を疑うことすらない。

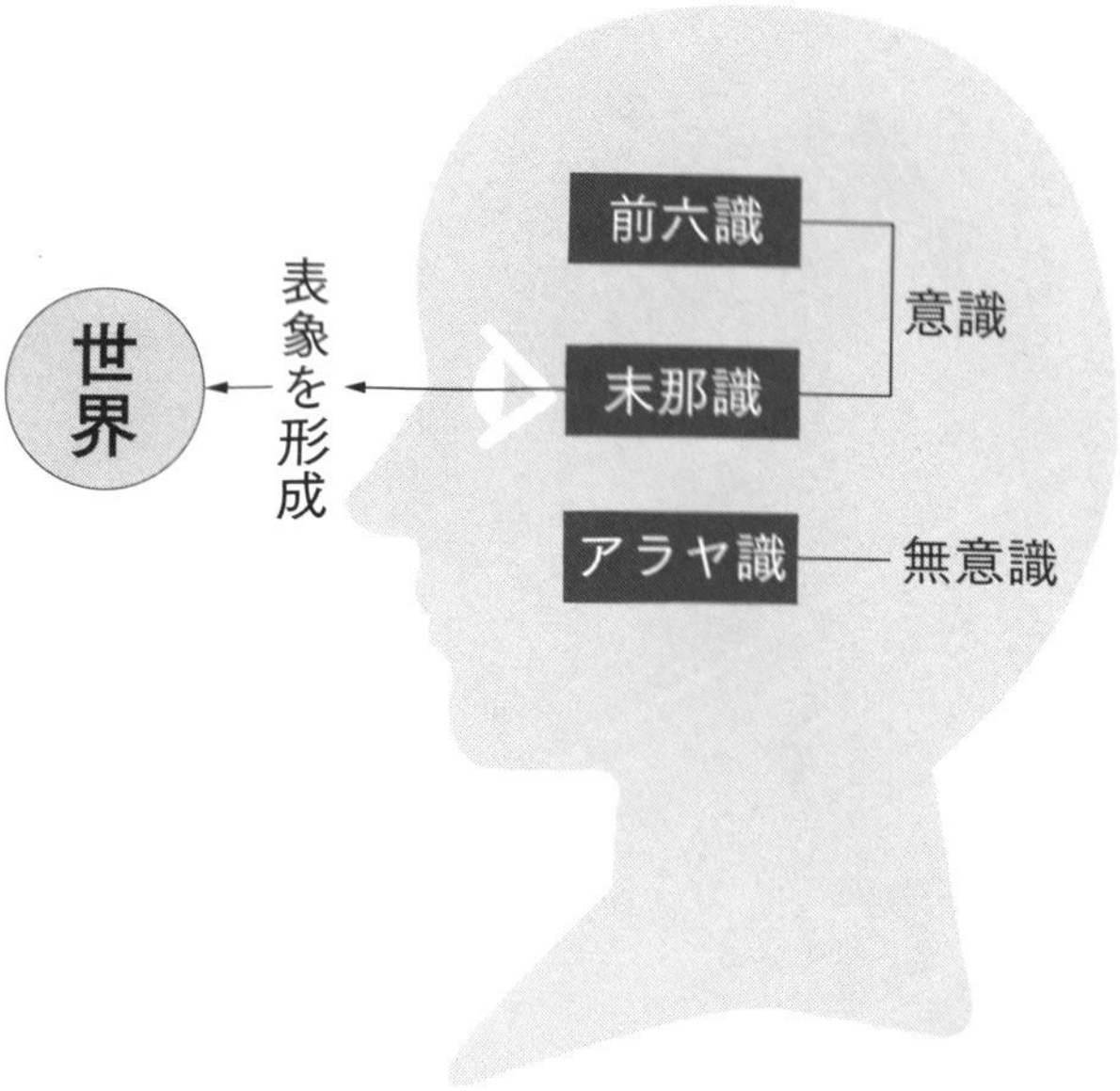
前六識
末那識
アラヤ識
意識
無意識
表象を形成
世界

そのようにして、自己こそまぎれもない実体だと考え始めたときに、自己への執着、すなわち我執《がしゅう》が生じ、そこからあらゆる迷いと煩悩が生じていくというわけだ。

そこで、「無我」というときの「我」とは、このアラヤ識から生まれた「我」であると主張するのである。そして、煩悩にまみれたこのアラヤ識が煩悩ゆえに輪廻することになる。本当は、この現実は「空《くう》」にすぎないと悟らない限り、アラヤ識の輪廻は終わらないということになる。

このような論はしかし、学僧が頭でつじつまをあわせて考えた壮大な仮説にすぎない。ブッダが悟った仏教の真理から大きくずれているのである。

それでも輪廻は仏教的ではない

仏教が説く「六趣輪廻」

仏教では六つの世界を輪廻すると考え、これを「六趣輪廻《りくしゅ》」という。

その六つの世界とは、悪いほうから並べれば次のようになる。

「地獄界」「餓鬼《がき》界」「畜生《ちくしょう》界」「修羅《しゅら》界」「人間界」「天上《てんじょう》界」

「奈落《ならく》の底」という言葉があるが、この「奈落」とはもともとは地獄界のことを指す。サンスクリット語で「地獄」のことを「ナラカ」といい、その音を漢字に写したのが「奈落」である。

天上界というと天国のようなところが想像されるが、やはりここでも老いや死を恐れる苦しみがあるという。善行を積んだ人が天上界に行くのだが、その善行の功徳《くどく》もいつかはつきてしまうというのである。

寺などにある地獄絵図を見れば分かるように、それは陰惨《いんさん》で暗い世界だとされる。地獄はさらに八つの層に分かれていて、下に行くほど残酷な仕打ちを受けることになる。

生前の行いによって、五百年にわたって飢えに苦しむ餓鬼になったり、はたまた動物や虫になって畜生界をさまよう。昔の人たちの多くはそういう絵を見て、死後は本当にこういう場所に行くのだとおびえたわけである。

死後にそんな世界に行って獣《けもの》になってしまうなら、いっそ今の世をとことん楽しんでやろうじゃないかという考えも出てくる。次の歌はそんな万葉歌人の開き直りであろう。

今《こ》の世にし　楽しくあらば　来《こ》む世《よ》には　虫に鳥にも　われはなりなむ

〈訳〉今の世において楽しいのならば、来世では虫や鳥になってもかまわないじゃないか。

こういう歌があったということは、当時すでに死後の輪廻についての教えが、一般的だったということを示している。

ブッダは輪廻世界を語らなかった

しかし、あらためてふり返って考えてみると、ブッダは死後やあの世のことについては何も答えなかったはずなのだ。あの世のことではなく、もっぱら現在の状態を重視したのがブッダであった。

それなのに、死後に行く世界について細かく述べるというのは、おかしなことだと分かるだろう。

実際、わたしたちが一度は見たことのある地獄絵図の多くは、平安時代の源信《げんしん》が『往生要集《おうじょうようしゅう》』に書いたことを描写したものなのである。ブッダが死後の輪廻世界について見てきたかのように語ったわけではない。

また、アラヤ識が輪廻するという唯識学派の説が本当に正しいのならば、人間の核だとされるアラヤ識こそ、最後の実体だということになる。これはブッダの無我説にも「空」の思想にも明らかに反することである。

もしアラヤ識が実体でなくても、今度は輪廻の六つの世界が実体だということになってしまう。人間も物も「空」であり、いっさいが「空」であったはずなのに、なぜか輪廻世界だけが実体だというのはあまりに奇妙すぎる。

こういった点からも、一般に流布《るふ》されている輪廻の考え方は仏教的ではない。むしろ伝統のウパニシャッド的なもの、ヒンズー教的なものだと分かってくるのである。

では、仏教の六趣輪廻とはいったい何なのだろうか。

インド古来の輪廻を引きずった教えにすぎないのだろうか。それとも、悪いことをせぬよう戒《いまし》めるための、子どもじみたおどかしなのだろうか。その真実は、次項の説明にあるようにブッダの言葉の中に明瞭に現れているのである。

本来の仏教に「輪廻」はない

悟った者は老いることがない

死ねば本当に輪廻するのか。ブッダの言葉をじっくり読んでいくと、どうやらそうではないとわかってくる。

この状態から他の状態へと、くり返し生死輪廻に赴《おもむ》く人々は、その帰趣《きしゅ》（行き着く先）は無明《むみょう》にのみ存する。

彼らは心の解脱《げだつ》を欠き、また智慧《ちえ》の解脱を欠く。彼らは（輪廻を）終滅させることができない。彼らは実に生と老いとを受ける。

ブッダのこういう言葉があると、やっぱり実際の輪廻があることを認めていると思いがちである。しかし、ブッダはまた次のようにも述べている。

しかし、明知《めいち》に達した生ける者どもは、再び迷いの生存に戻ることがない。

彼らは心の解脱を具現し、また智慧の解脱を具現する。彼らは（輪廻を）終滅させることができる。彼らは生と老いとを受けることがない。

もし実際上の輪廻転生というものがあるとしたら、仏教の真理を知った者が「生と老いとを受けることがない」とはどういうことだろうか。再び生まれることがないのはともかく、老いることがないとはあまりにも変な話だ。

ブッダは、悟った者は肉体的に老いることがないと述べているのではない。老いを感じ、老いに悩み苦しむことがないという意味で、「老いることがない」と表現しているのだ。

輪廻は無知の中に生まれる概念

なぜ、「老いることがない」のか。

なぜならば、その人は空性《くうしょう》を知ったからだ。人間の現在の在り様が、本当は「空」であることを知ったからこそ、老いからも離れてしまったというわけだ。

たとえば、その人が七十五歳だとしたら、彼はその年齢にとらわれないのである。彼が七十五歳であり、傍目《はた》にそう見えたとしても、彼自身は若さとか老いとかいう、世間的なものの見方や価値観に影響されないのである。

それは「明知に達した」生き方であり、もう歳《とし》だから枯れた趣味をもたなければならないなどといった、世間的な「迷いの生存」からまったく離れてしまっているのだ。

これが「輪廻を終滅させる」ということなのである。したがって、輪廻というもの、輪廻という概念は、迷いの世界でのみ通用するものだということになるわけだ。

空性を知らない無知の状態、いわゆる無明にあってこそ、この妙な輪廻という考え方が出てきているわけだ。輪廻は、無知や悟りの外に実在するようなものではなく、無知の中に生まれる概念だということなのである。

ここまで知って、先ほどのブッダの言葉を読めば、すっきりと理解できるはずだ。

だから、悟りを開けば輪廻から解脱できるという言い方の意味は、輪廻をも含んだ迷いの世界から脱することができるということだ。そして、輪廻というものは、あれこれと迷う人の心の移り変わりの暗喩的表現なのである。

これがブッダの説いた仏教の輪廻観であり、輪廻が実在するとしているのは、本来の仏教ではないのである。

知っているようで知らない仏教用語⑪

「うろうろ」するのはみっともない

学校や家の周りに用もなくうろうろしている人間がいたら、不審人物と見なされ通報されても仕方がないでしょう。仏教の立場からしても、「うろうろ」するのはとてもよくないことだとされます。

この「うろうろ」という言い方は、今でこそ態度や動作を表す副詞として一般的に使われていますが、もともとは状態を表す仏教用語であり、有漏《うろ》と書いていました。それが重なって、「うろうろ」となったわけです。

では、漏れ出てくるものは何でしょうか。さまざまな悩みや迷い、要するに煩悩が自分から漏れ出てくるわけです。だから、あれこれ迷いがあったり、おかしなたくらみを抱いていると、うろうろしてしまうわけです。

したがって、近所をうろうろする人が不審なのも当然だということになるでしょう。

わたしたちもまた、心に抱えるものが重くて多いほどに、今の時点でどう行動していいか分からず、うろうろしてしまうものです。

自分自身を振り返ってみればすぐに分かるように、はっきりした目的があり、そこに向かって集中しているときはつまらない迷いなどなく、ただ一心不乱に向かっているものです。うろうろすることなどありません。そういう状態で手がけたものはちゃんと成就できるのではないでしょうか。

ところで、有漏という言葉には反対語があります。それは、無漏《むろ》です。煩悩がない状態のことを指します。

そんなまっさらの状態になることなどとうてい不可能だと思われるかもしれません。しかし、わたしたちは心の持ちようでほぼ無漏の状態になることができるのです。

それは、もし迷いや悩みがあったとしても、そのことによって今の自分が動かされないようにすることです。こうなるためには、ゆっくりと息をすること、そして目前の事柄に専念することがもっとも簡単な方法となります。

知っているようで知らない仏教用語⑫

「旦那」は与える人（ドナー）

商売の主人のことを使用人がダンナと呼ぶし、夫のことを妻がダンナと呼ぶこともあります。ダンナはやはりダンナらしくなければ、そう呼ばれないものです。

では、ダンナらしさとは何でしょう。年配者だということではありません。十分な賃金や生活費を与えることです。何も与えないような、あるいはわずかしか与えないケチな人はダンナと呼ばれるにふさわしくないのです。

というのも、旦那《だんな》という言い方の語源は「与える」という意味のダーナだからです。ダーナは古代の公用語の一つであったサンスクリット語であり、英語のdonateの語源にもつながっています。

与えるものはお金だけとは限りません。何でもいいから与える人がダンナ（ダーナパティ）です。ほほ笑みを与えてもいいのです。もちろん、自分の臓器を与えれば、その人は立派にダンナと呼ばれるべきです。なぜなら、臓器提供者がドナー（donor）と呼ばれるのは、このダーナという言葉から来ているからです。

日本で仏教の僧侶たちが檀家の主人を旦那と呼んだのは、彼らに布施として金銭を寄付してくれるからです。しかし、誰もが知っているように、現代の僧侶はこの寄付を自分たちに対する相応の料金だと勘違いしているようです。

ですから、板きれに戒名を書いただけでふつうの会社員の給与の数倍もするような金額を要求して恥じないのです。こういう態度はもちろん仏教とは無関係です。そこに本物の仏教があるならば、商売の道具にすることができないはずだからです。

新版のあとがきに代えて――体感する悟りについて

本書の最初に「悟りとはブッダの説いた仏教的真理を理解し、身につけること」だと記した。そして本文では、仏教的真理を理解するための読み方について書いた。

ただし、「真理を身につけること」については書かなかった。

この「真理を身につけること」とは、悟りの体感のことである。悟りとは、知性的な理解ばかりではなく、体感することもできる。

そもそも、ブッダという普通名詞の本来の意味は「みずからの経験によって気づき、目覚めた人」である。つまり、「聞いて目覚めた」のでもなく、「読んで目覚めた」のでもない。自分の経験によって目覚めたという意味において、体感なのである。

ただ、悟りの体感は意図的には得られない。悟ろうと決意して瞑想をしたところで、その瞬間はいつまでたっても訪れないだろう。

悟りが体感として訪れるときは不意である。意識や思考が忙しく働いているときではなく、むしろ一心不乱の集中がついえて途切れたときにその体感が突然にやって来る。
訪れる悟りの感覚を言葉で表現したものはこれまでたくさん残されているが、言語表現だから人それぞれである。それは、受ける感覚がそれぞれ異なるというわけではなく、表現の仕方がそれぞれ異なるということにすぎない。

鎌倉時代の道元禅師《ぜんじ》は「身心脱落」と表現した。体も心もすっぽり抜け落ちたようだというわけである。四世紀の中国の肇《じょう》法師は「おのれは無い。おのれでないところもなく、すべておのれである。そして、天地はまったく同じであり、万物は一体である」と表現している。

十一世紀の中国の蘇東坡《そとうば》は詩人であるが、彼の「無一物中に無尽蔵《むじんぞう》あり、花あり月あり楼台《ろうだい》あり」という有名な句もまた、悟りの事態をそのままに表現している。

古代ヴェーダの修行では新参の者の前に師がこの世のあらゆる物を目の前に置いて、いちいち「これはおまえだ」と告げるが、これはもちろん万物が一体だという視点からの具体的な教えである。

悟りの体感についてのこういった表現の数はおびただしい。そして、誰にも共通しているのは、自己がなくなる、世界と一体になる、という感覚である。あるいは、自分と世界との境目がまったくなくなる。その間は、時間もなくなる。

過去の禅師たちが「融通無碍《ゆうづうむげ》」だの「自由自在」という感慨をもらしていたのは、この感覚にあるときの状態についてである。また、円相《えんそう》と呼ばれる円は世界とのこの一体感を端的に表現したものである。

悟りのこの非日常的感覚は数十秒から数分続く。

そして、この感覚が去ったあとには、いっさいを肯定するようになった自分が残る。たとえば、自分がなんらかの苦難を引き受けている状態にあるならば、その苦難が、あわよくば捨てさりたいものや理不尽なものではなく、今の自分が誠実に対応して克服するのにもっともふさわしい一つの個性的な仕事として感じられるようになる。

その意味で、悟りを体感したという経験は自己の覚悟をすっかり変える。しかし、日常は変わらない。特別な能力を持った人間になるわけでもない。性格もほぼ変わらない。したがって、今後も同じ失敗をくり返す可能性もある。

ただ、感性が少しだけ変わる。あらゆる禅語が分かるようになり、あらゆる宗教や哲学の文言が結局のところ同語反復にすぎないと分かるようになる。また、過去の偉人の文章を読んで、どの箇所が悟りの個人的体験を表現したものか見つけることができるようになる。

ところで、周囲から高僧と呼ばれている人が書いた本には「小悟」だの「大悟」だのといったことが得々と書かれていて、あたかも悟りにグレードがあるかのようだ。

しかし、それこそ悟りを体感していない証拠であろう。悟りを体感したことがあるならば、悟りをことさら神秘めかして高い場所に置き商売の道具にするようなことは絶対にしないはずだからだ。

とにかく、悟りは観念でも神秘体験でもなく、悟りの体感はごく身近にある。自分の心が散漫な状態でない限り、いつどこで体感してもおかしくない。

また、その人の宗教や信念や知性とはなんら関係がない。修行とも関係がない。だから、それが悟りと呼ばれてきたものだと分からずに悟りを体感している人も少なくないはずなのである。

【主な参考文献】

『大乗仏教の根本思想』小川一乗（法藏館）
『正法眼蔵』道元／石井恭二訳注（河出書房新社）
『正法眼蔵随聞記講話』鎌田茂雄（講談社）
『ブッダのことば／スッタニパータ』中村元訳（岩波書店）
『ブッダ最後の旅』中村元訳（岩波書店）
『仏教』渡辺照宏（岩波書店）
『日本の仏教』渡辺照宏（岩波書店）
『無門関』西村恵信訳注（岩波書店）
『無門関』山田無文・高橋新吉（法藏館）
『仏教を知る辞典』菊村紀彦（東京堂出版）
『仏陀のいいたかったこと』田上太秀（講談社）
『ブッダの人生哲学』田上太秀（講談社）
『仏教の考え方』村上真完（国書刊行会）
『仏教信仰の原点』山折哲雄（講談社）

『インド仏教の歴史』竹村牧男（講談社）
『私だけの仏教』玄侑宗久（講談社）
『仏教とは何か』山折哲雄（中央公論新社）
『小泉八雲作品集3』森亮訳（河出書房新社）
『はじめて知る仏教』白取春彦（講談社）
『ビジネス教養としての宗教学』白取春彦（ＰＨＰ研究所）

本書は、二〇〇四年六月にすばる舎から刊行され、二〇〇七年六月に加筆・修正されてPHP文庫として刊行されたものに大幅に加筆・修正し「完全版」とした。

ディスカヴァー携書 203

完全版 仏教「超」入門

発行日 2018年7月30日 第1刷
2025年4月20日 第5刷

Author 白取春彦

Book Designer 石間 淳

Publication 株式会社ディスカヴァー・トゥエンティワン
〒102-0093 東京都千代田区平河町2-16-1 平河町森タワー11F
TEL 03-3237-8321（代表） 03-3237-8345（営業）
FAX 03-3237-8323
https://d21.co.jp/

Publisher 谷口奈緒美
Editor 藤田浩芳

Store Sales Company 佐藤昌幸 古矢薫 蛯原昇 北野風生 佐藤淳基 鈴木雄大 山田諭志 藤井多穂子 松ノ下直輝 小山怜那 町田加奈子

Online Store Company 飯田智樹 庄司知世 杉田彰子 森谷真一 青木翔平 阿知波淳平 大﨑双葉 近江花渚 舘瑞恵 徳間凜太郎 廣内悠理 三輪真也 八木眸 安室舜介 高原未来子 川西未恵 金野美穂 千葉潤子 松浦麻恵

Publishing Company 大山聡子 大竹朝子 藤田浩芳 三谷祐一 千葉正幸 中島俊平 伊東佑真 榎本明日香 大田原恵美 小石亜季 西川なつか 野﨑竜海 野中保奈美 野村美空 橋本莉奈 林秀樹 原典宏 村尾純司 元木優子 安永姫菜 古川菜津子 浅野目七重 厚見アレックス太郎 神日登美 小林亜由美 陳玟萱 波塚みなみ 林佳菜

Digital Solution Company 小野航平 馮東平 宇賀神実 津野主揮 林秀規

Headquarters 川島理 小関勝則 田中亜紀 山中麻吏 井上竜之介 奥田千晶 小田木もも 福永友紀 俵敬子 三上和雄 石橋佐知子 伊藤香 伊藤由美 鈴木洋子 照島さくら 福田章平 藤井かおり 丸山香織

Proofreader 文字工房燦光
DTP 有限会社マーリンクレイン
Printing 共同印刷株式会社

ISBN978-4-7993-2341-0

携書ロゴ：長坂勇司
携書フォーマット：石間 淳